KB090645

코로나19를 넘고 넘어
Go! 세계로 미래로

청소년의 미래가 바로 나라의 미래다

미래세대 청소년·청년들 여러분! 국토가 협소하고 천연자원이 절대 부족하여 국가 경쟁력이 취약한 우리나라가 4차 산업혁명 시대에도 낙오되지 않고 지속적으로 발전하기 위해서는 여러분의 창의력을 개발하고 수출을 증대하는 일이 무엇보다 중요합니다.

창의력 개발을 바탕으로 인적자원 육성, 첨단 과학기술 및 고급 문화상품을 개발하고, 수출증대를 위해서는 수출역군 양성, 해외시장 개척 및 수출시장 다변화가 이루어져야 합니다.

이 두 가지 명제는 이념과 체제를 초월하여 지구촌의 절대다수 국가들이 가장 우선적으로 지향하는 국가 정책일 것입니다.

코로나19 이후엔 세계가 'BC(before corona)'와 'AC(after corona)'로 나뉘고 국제 거래가 다소 감소할 것이라는 국내외 전문가들의 견해가 있습니다. 사람 간의 접촉이 줄어드는 언택트 시대가 도래, 재택근무·유연근무제가 도입됨으로써 언택트 문화가 확산될 것이라고 합니다.

AC로 국제 거래가 감소하든, 코로나19보다 더한 역병이 창궐하든, 그 어떤 어려운 상황에 직면하든 국토가 협소하고 천연자원이 절대 부족한 우리나라는 이 지구촌이 존재하는 한 특단의 대책과 묘안을 다각적으로 강구하고 지혜를 모아 수출 극대화를 위해 필사적인 노력을 기울여야 합니다.

종전에는 현지 고객들과의 직접 상담을 통해 성과를 배가하기 위하여 수출역군들이 직접 발로 뛰며 지구촌 곳곳을 누볐으나 코로나19와 같은 역병이 창궐할 경우엔 화상회의, e-mail, SNS 등 언택트 수단을 적극 활용해서 수출을 촉진해야 할 것입니다.

수출로 먹고사는 대한민국! 수출은 우리 민족 생존의 길이요 국력입니다.

코로나19 확산을 차단하고 퇴치하기 위해서는 전 국민이 방역 당국에 적극 협조해야 하겠습니다. 인력과 물자, 서비스 등 전 부문에 걸쳐 차별화된 방역 노하우를 터득하고 개발하여 언택트 시대의 수출 유망품목으로 육성·발전시키는 방안도 모색해야 할 것입니다.

코로나19, 위기를 기회로 삼아 《코로나19를 넘고 넘어 Go! 세계로 미래로》란 굳은 신념으로 코로나 이후(AC)에 대비해 힘과 지혜를 충전해 나가야 할 것입니다.

이러한 취지에 조금이라도 도움이나 참고가 될 만한 다양한 자료 및 정보를 우리 「더 반듯하게회」[1]가 조선일보·한국경제를 비롯한 여러 매스컴[2]의 기사·논설·칼럼·기고문 등에서 발췌·편집하여 각 언론사의 도움을 얻어 《코로나19를 넘고 넘어 Go! 세계로 미래로》란 책을 출간하였습니다. 이 책이 하나의 문제 제기 내지 참고사항 정도일 뿐 충분한 해답을 제공하지 못한다는 사실을 우리는 잘 알고 있습니다.

그럼에도 불구하고 이 책 속에 소개된 많은 분들의 인간승리의 값진 경험과 지혜, 행적들이 미래를 열어 갈 여러분에게 새로운 시각을 열어 주고, 아이디어 내지 동기부여로, 문제 해결의 실마리 또는 영감이 떠오르거나, 새로운 변화와 발전의 계기가 될 것으로 생각합니다.

교과서나 일반 책자에서는 창의력·수출 등에 관한 내용들이 이론 위주로 구성되어 있으나 이 책에서의 실제 사례는 이론과 융합되어 실감 나고 재미있으며 교육적 효과도 기대할 수 있을 것입니다.

협소한 국토, 천연자원 절대 부족, 남북 분단 및 대치 상태, 지정학적 리스크, 조선 말기를 방불케 하는 오늘날의 우리 한반도를 둘러싼 강대국들 간의 이해 대립. 이 다섯 가지는 지구상에서 우리나라에만

---

1 부산중·고등학교 재경동창회 회원들 중 미래세대 청소년·청년들에 관심을 가진 회원들 모임.

2 경향신문, 국민일보, 동아일보, 스포츠조선, 아시아경제, 연합뉴스, 용인신문, 조선비즈, 조선일보, 중부매일, topclass, 한겨레, 한국경제, 한국일보(가나다순)

유일한 국가발전 악조건들입니다. 우리는 이를 「고착화된 국가발전 저해요인들」이라고 정의합니다.

우리 민족은 과학적인 문자와 독자적인 문화, 민족 주체성을 지니고 있습니다. 여기에다 우리 민족 고유의 3대 정신적 자산인 저력과 정신력, 위기대처 능력을 발휘하여 지난날 우리 근대사의 혹독한 시련과 「고착화된 국가발전 저해요인들」을 슬기롭게 극복하고 한강의 기적을 이룩한 바 있습니다.

청소년·청년들 여러분은 이러한 유전자를 몸과 마음속에 지니고 있습니다. 3대 정신적 자산을 잘 발휘한다면 여러분은 그 어떠한 도전, 고난과 시련도 극복하고 보다 성숙되고 더 높은 단계로 승화할 수 있습니다.

지난 1965년 한일 청구권 협정을 맺을 당시 우리나라 1인당 국내총생산(GDP)은 108달러, 일본은 900달러로 그 격차가 무려 9배 정도나 됐습니다. 그러나 2018년 우리의 1인당 GDP는 31,000여 달러로 39,000여 달러인 일본과의 격차를 현저하게 줄였습니다.

민족 주체성 또는 정신적 자산이 결여된 민족은 점차 쇠락하거나 역사 속으로 소리 없이 사라지는 사례를 인류 역사에서 찾을 수 있습니다.

지난날의 토번(티베트)은 당나라도 두려워하던 강성대국이었습니다. 당시 당 태종은 토번과의 화친을 목적으로 문성공주를 토번을 통일한

군주 송찬간포의 왕비로 시집보냈습니다. 역사는 흘러 1949년 중국을 통일한 중국 공산정권은 티베트를 침공하여 1951년 강제로 병합했습니다.

400여 년 전 인구 50만 정도에 불과했던 여진족(만주족)의 누르하치가 세운 청나라는 무려 1억 5천여만 명의 한족(漢族)을 중국 왕조 역사상 최장 기간인 296년간 통치하면서 가장 강력한 세계적인 대제국을 건설했습니다. 당시 GNP는 전 세계의 약 30%를 산출했습니다.

한족이 세운 명나라 시대에는 400만㎢에 불과하던 강역(疆域)이 청나라 시대엔 몽고·위구르·티베트·대만 등 주변국을 무차별 정복하여 한때는 무려 1,300만㎢에 이르렀습니다. 그 이후 현재의 960만㎢로 줄어들긴 했으나 그래도 명나라 시대에 비하면 강역이 무려 1.5배 가까이 확장된 셈입니다. 그 만주족이 오늘날엔 중국의 변방 만주 지역에서 인구 1천만 정도에 불과한 소수민족으로 생존하고 있습니다.

코로나19를 극복하기 위해 우리의 3대 정신적 자산을 잘 발휘하여 효과적으로 대처함으로써 세계의 많은 국가들이 우리나라에 찬사를 보내고 동시에 진단키트, 의료물자, 방역 노하우 등 여러 가지 도움을 요청함으로써 우리나라의 위상과 국격을 높이고 있습니다.

그런데 여러분, 한 가지 꼭 유념해야 할 사항이 있습니다. 지속적인 국가발전을 위해서는 과학기술 발전에 몰입해야 되겠지만 그렇다고 정신세계를 간과해서는 안 될 것입니다.

지금 우리 사회에 만연된 도덕 불감증, 각종 부조리는 지난날 고도 성장에 따른 물질문명과 정신문화와의 괴리에서 빚어진 국가발전 저

해요인들입니다. 우리 전 국민들이 각별한 의지와 노력으로 이러한 저해요인들을 추방하여 나라를 보다 반듯하게 세워야 합니다.

지금 우리 한반도를 둘러싼 국제정세, 이념분쟁, 경제위기, 잠재 성장력의 하락은 가히 퍼펙트 스톰(Perfect Storm)이라 해도 지나치지 않을 정도입니다.

지구촌의 후발국들. 그들은 넓은 국토, 풍부한 천연자원, 성장 잠재력, 후발국의 이점 등 우리보다 우월한 여러 조건을 잘 발휘한다면 언젠가는 우리를 추월할 수도 있습니다.

지금 새마을운동중앙연수원에는 지난날 우리 고도성장의 노하우를 습득하기 위해 세계 각국에서 찾아온 연수생들로 가득합니다. 그들이 우리의 노하우를 열심히 습득하고 돌아가서 저력과 정신력을 잘 발휘한다면 또한 우리를 추월할 수도 있습니다.

우리나라가 패스트 팔로워(Fast Follower)에 머물러서는 안 됩니다. 후발자의 추월을 허용치 않고 우월적 지위를 견지해 가는 퍼스트 무버(First Mover)가 되어야 합니다.

작년 5월 우리 「더 반듯하게회」에서 처녀 출간한 《세계를 무대로! 무대를 품 안에!》를 읽어 보신 분들 중에는 '참으로 좋은 시도이며 지금까지 이러한 유형의 책을 보지 못했다'는 등의 말씀을 하셨습니다. 이번의 이 《코로나19를 넘고 넘어 Go! 세계로 미래로》는 보다 알찬 내용으로 꾸미기 위해 노력했습니다.

청소년 여러분이 갖춰야 할 중요한 덕목은 올바른 인성과 창의력입니다. 기업이 신입사원을 채용할 때 인성을 가장 중요시한다는 여러 조사 결과가 있습니다. 또 교과서적 지식만을 가진 사람보다 창의력 가진 사람을 필요로 합니다.

* 「청소년기는 인격을 형성하는 데 매우 중요한 시기다」라는 말이 있습니다. 이에 관련된 인성·배려·봉사·희생 등에 관한 다양한 사례를 발굴하여 「인격형성에 도움되는 좋은 사례들」이란 제목으로 1장을 만들었습니다. 이어서 **「청소년 생활 지침」**을 실었습니다.
* 2·3·4장에서는 창의력에 관한 포괄적인 내용을 비롯해 「한계를 극복한 인간승리의 주인공들」「세계 곳곳을 누비는 수출역군들」 이란 제목의 다양한 내용으로 구성했습니다.
* 마지막 5장 「K방역을 미래 수출 유망품목으로」는 우리나라의 위상과 국격을 높인 내용들입니다.

미래세대 청소년 여러분! 여러분이 이 책을 읽어 마음의 양식을 쌓고 지혜를 터득하며 긍정적인 마인드, 올바른 가치관을 가지고 성장한다면 우리나라의 밝은 미래가 보장됩니다. 이러한 분위기는 사회 각 부문의 생산성을 높입니다. 생산성이 높아지면 국토가 협소하고 천연자원이 절대 부족한 우리나라의 크나큰 경제적 약점을 보완하여 국가 경쟁력을 강화하고 곧장 수출증대로 이어집니다. 여러분 개인적으로는 성공의 지름길이 될 수 있습니다.

'청소년의 미래가 바로 나라의 미래다'라는 말이 있습니다. 그만큼 청소년들의 존재가 귀중하고 역할이 막중하다는 뜻이 되겠습니다.

미래세대 청소년·청년들 여러분을 위해 기사·논설·칼럼·기고문 등의 자료와 정보를 이 책에 무상으로 싣도록 용단을 내려 준 조선일보·한국경제를 비롯한 여러 언론사 및 관계자분들께 감사와 경의를 표합니다. 또한 여러분에게 도움이 될 좋은 기사를 취재해 주신 기자분들께 깊은 감사를 드립니다. 김형석 연세대 명예교수님, 공병호 박사님, 오은영 정신건강의학과 전문의 소아청소년클리닉 원장님, 이완 잡플랫 대표님께 감사의 말씀을 드립니다.

이젠 인생 황혼의 실버세대인 우리는 오로지 우리 조국 대한민국과 미래세대 여러분을 사랑하는 일념에서 이 일에 착수했으며 수익금이 발생한다면 여러분을 위해 사용할 것입니다.

사랑하는 미래세대 청소년·청년들 여러분! 무궁한 세월을 살아가야 할 위대한 유산 이 땅에, 여러분이 다 함께 힘과 지혜를 모아 《코로나19를 넘고 넘어 Go! 세계로 미래로》란 신념으로 수출강국의 기반과 반듯한 나라의 기틀을 보다 확고히 해 주기 바랍니다.

우리 조국, 대한민국에 「정의롭고, 투명·공정하고, 지속가능한 미래사회」의 새 지평을 열어 주기 바라며 나아가서는 이 지구촌의 인류에게도 기여할 수 있는 **글로벌 인재**로 성장해 주기를 바랍니다.

감사합니다.

2020. 8.

4장_ 세계 곳곳을 누비는 수출역군들

1장

인격형성에 도움되는
좋은 사례들

「청소년기는 인격을 형성하는 데 매우 중요한 시기다.」「올바른 인격을 형성하기 위해서는 좋은 책을 많이 읽는 것이 좋다.」라는 말이 있습니다. 성장 과정에 있는 청소년 여러분의 인격형성에 도움이 되는 다양한 내용의 실제 사례 위주로 이 책을 엮었습니다.

1

요즘은 '인성검사'가 입사 좌우…
블라인드 채용에는 더 중요

한국경제 2020.04.06.

인성검사 이렇게 준비하라

인터넷서 미리 테스트해봐라

응시 전 컨디션 조절이 중요

기분 좋으면 점수 더 나와

솔직하라, 면접관에겐 보인다

평소 약점 스스로 고쳐라

과거에는 몰라도 요즘 취업시장에는 맞는 말이다. 기업이 인재를 뽑을 때 가장 중요하게 보는 것은 '인성'이다. 주요 기업들이 직무중심으로 채용하고 있지만, 최종 당락을 좌우하는 것은 '인성'이라고 말하는 취업 전문가들이 많다. 능력은 입사 후에도 키울 수 있지만 인성은 쉽게 변하지 않기 때문이다.

한 대기업 인사담당자는 "인성이 좋지 않은 직원 한 명은 그 팀 전체의 효율성에 큰 영향을 미친다"며 "학점이나 역량이 뛰어나도 인성검사에서 탈락하면 입사하기 힘들다"고 말했다.

"인성검사가 이젠 채용의 핵심"

인성은 잘 변하지 않고, 조직 전체에 영향을 줄 수도 있는 만큼 기업들은 채용 과정에서 지원자의 인성을 파악하는 데 주력한다. 그래서 도입된 것이 채용 인성검사다. 한국 100대 기업을 기준으로 99개사가 채용 때 인성검사를 실시하는 것도 이 때문이다.

일반적으로 채용 인성검사는 필기시험 단계에서 적성검사(공기업은 NCS)와 함께 실시한다. 기업들은 인성검사 점수와 적성검사 점수를 합산해 필기 합격자를 선별하기보다는 대부분 인성검사를 '허들'로 활용한다. 인성검사를 통과한 지원자만 따로 추린 다음 적성검사 성적 순서로 필기시험 합격자를 선발하는 게 보통이다.

최근 공채보다는 수시 모집으로 신입사원을 채용하는 기업이 많아졌다. 공채와 달리 수시모집에서는 적성검사를 제외하고 인성검사만 하는 경우가 많다. 상대적으로 공채보다는 수시모집에서 인성검사가 더욱 중요하다고 할 수 있다. 적성검사 점수가 만점이 나와도 인성검사에 탈락하면 필기를 통과할 수 없기 때문이다.

공기업의 채용공고를 보면 인성검사를 적부 판단으로 활용한다는 표현이 많이 등장한다. 적부 판단이라는 표현이 바로 허들식 활용을 말하는 것이다. 또 최근 주요 기업들은 인성검사 결과를 면접 때 활용하기도 한다. 특히 공기업처럼 블라인드 채용을 하는 경우 면접에서 스펙과 같은 객관적인 데이터를 볼 수 없기 때문에 인성검사를 더욱

더 비중있게 활용하고 있다.

취업 준비생으로선 인성검사 관련 정보가 많지 않아 준비하는 데 애를 먹는다. MBTI나 MMPI와 같은 잘 알려진 인성검사로 대비하는 경우도 있다. 하지만 채용 인성검사는 일반 인성검사와 다른 점이 많다. 채용 과정에서 실시하는 인성검사는 지원자가 합격하고 싶어서 보이는 '과장 반응'을 선별하는 게 중요한 기능이다. 이 때문에 일반 인성검사에 없는 다양한 장치를 가지고 있다.

인성검사도 대비할 수 있을까?

인성검사는 크게 다섯 가지 단계로 준비할 수 있다. 일단 평상시에는 채용 인성검사를 미리 경험해보면 좋다. 정신병원이나 상담 센터에 있는 일반적인 인성검사가 아닌 채용에서 활용하는 인성검사를 해보면 나와 맞는 기업도 대략적으로 파악할 수 있다. 최근 몇몇 사이트에서도 인성검사를 하고 있다.

시험 응시 바로 전에는 컨디션 조절이 중요하다. 다양한 심리검사 중 가장 컨디션의 영향을 많이 받는 검사가 인성검사다. 똑같은 인성검사라도 기분 좋을 때 응시하면 좀 더 좋은 점수가 나온다. 응시할 때는 솔직하게 하는 것이 중요하다. 채용 인성검사의 결과 제일 앞에 신뢰도라는 항목이 있다. 이는 검사를 얼마나 솔직하게 응시했는지를 평가하는 항목으로 과장 반응으로 응시하면 과락으로 탈락할 수 있다. 신뢰도에 문제가 있어 탈락하는 경우가 보통 인성검사 전체 탈락자 중 적게는 10%, 많게는 30%까지 차지하고 있기 때문에 솔직하게 하는 것 자체가 인성검사 합격에 중요한 요소라고 할 수 있다.

만약 자신이 지원한 기업의 필기에서 적성검사를 아주 잘 본 것 같은데 탈락한 경우는 인성검사 때문에 탈락했을 확률이 높다. 이 경우 이 기업은 자신과 잘 맞는 기업이 아닐 확률이 높다. 인성은 잘 변화하지도 않으므로 다음에는 다른 기업 중심으로 준비하는 것도 좋다.

필기 통과 시 면접 장면에서도 준비할 것이 있다. 대부분 인성검사 결과 중 낮게 나온 요인은 면접관들이 실제 어느 정도 낮은지를 다시 질문을 통해 확인하고 이를 면접 점수에 반영한다. 그러므로 인성 요인 중 자신이 약하다고 생각하는 부분은 미리 이를 만회할 수 있는 방법 등을 고민하고 면접에 임하면 좋다. 미리 모의 인성검사 테스트를 한 경우 결과지 점수 중 가장 낮게 나온 요인 중심으로 답변을 준비하는 것이 좋다.

인성검사는 공부를 한다고 성적이 오르지는 않지만 위 다섯 가지 정도만 잘 기억해도 취업 준비할 때 큰 도움이 된다.

2

토론토는 류현진의 실력이 아니라
'인성'과 '유머'에 반했다

경향신문 이용균 기자 2019.12.31.

　FA 류현진(33)을 둘러싼 평가는 엇갈렸다. 뛰어난 제구를 바탕으로 한 안정적 투구와 이를 통한 평균자책 1위 기록은 장점이지만, 2015년 이후 이어진 여러 가지 크고 작은 부상은 감점 요인이었다. 토론토는 장점에 주목했고, 33세 시즌을 맞는 류현진에게 4년 8,000만 달러의 계약을 안겼다.

　류현진의 '대박 계약'은 토론토가 그의 실력을 의심하지 않았다는 뜻이다. 여기에 토론토가 주목한 것은 류현진의 실력만이 아니었다. 토론토는 류현진의 인성과 유머 감각에도 높은 점수를 줬다.

　ESPN의 버스터 올니는 최근 칼럼을 통해 토론토의 류현진 영입 배경을 설명했다. 올니에 따르면 토론토는 류현진 영입을 결정하는 과정에서 여러 가지 '조사'를 했다. 실력이야 여러 가지 결과들로 증명된 것이지만, 실력 뒤에 있는 '인성 조사'도 필요한 영역이다. 올니는 "토론토가 여기저기 평판 조사를 한 결과 지속적으로 '류현진은 아주 뛰어난 팀 동료'라는 대답을 들었다"고 전했다.

동료들과 아주 잘 지내는 것은 물론 유머 감각도 뛰어나다는 평가를 받았다. 토론토의 평판 조사에는 "류현진이 영어에 아주 능숙하지 않아 언어 장벽이 있지만 아주 뛰어난 유머 감각으로 이를 극복하는 스타일"이라는 답변이 나왔다.

실제 류현진은 LA 다저스에서 동료들과 유쾌한 장난을 치는 장면이 중계 화면에도 여러 번 잡혔다. 입단 첫해부터 후안 우리베와 '절친'으로 지냈고 야시엘 푸이그와 짓궂은 장난을 주고받았다. 류현진이 토론토 입단 기자회견을 한 뒤 워커 뷸러는 류현진이 뒤에서 자신을 번쩍 안아 올리는 '백허그' 사진을 SNS에 올리며 류현진의 새 출발을 축하했다.

올니에 따르면 LA 다저스 데이브 로버츠 감독은 류현진에 대해 "평소 루틴이 안정적이고, 자기 할 일을 잘 알아서 하는 스타일이기 때문에 손이 덜 가는 선수"라면서 "여기에 주변 모두의 사랑을 받는 재능을 지녔다"고 칭찬했다.

류현진은 토론토에서 그냥 선발 투수가 아니라 에이스 역할을 해야 한다. 젊은 유망주들로 구성된 야수진을 이끄는 '리더' 역할도 해야 한다. 토론토가 주목한 것은 류현진의 실력뿐만 아니라 여러 조사를 통해 확인한 류현진의 인성과 유머, 이를 통한 리더로서의 자격이다.

3

따뜻한 세상을 만드는
'사회적 배려'가 필요한 때요

한국경제 조아라 생글기자(경민비즈니스고 2년) 2020.05.18.

적극적으로 나서서 다른 사람을 도운 적은 많이 없어도
작은 배려가 실천되는 것만으로도
나는 세상이 더 따스한 온도를 가질 수 있다고 생각한다.

배려는 우리가 살아가고 있는 세상을 따뜻하게 만들어가기 위해 반드시 필요한 마음이다. 특히 지금은 코로나19 확산으로 인해 사회적 배려가 중요하게 떠오르고 있다. 뒷사람을 위해 앞사람이 문을 잡아주는 것, 엘리베이터가 닫히려고 할 때 다른 사람이 타려고 하면 열림 버튼을 눌러주는 것, 바깥에서 재채기를 할 때 옷소매로 입을 가리는 것, 마스크를 쓰고 다니는 것. 이 외에도 남을 도와주고 생각하는 마음을 뜻하는 배려는 작고 사소하지만 무엇보다 강하게 우리의 일상을 더 나은 세상으로 만든다.

배려는 전염성이 있다. 나는 다른 사람이 베푸는 아주 잠깐의 배려를 보고 그 행동을 똑같이 한 경우가 많다. 어렸을 때 백화점에서 뒷

사람에게 문을 잡아주는 어른을 본 이후로는 지금까지 나도 뒷사람이 있는지 확인하고 문을 잡는 습관이 생겼고, 초등학교 때 재채기는 소매로 입을 가리고 하는 게 당연한 예의이자 배려라는 말을 듣고 나서는 항상 재채기를 할 때마다 팔이 먼저 입가에 올라간다. 적극적으로 나서서 다른 사람을 도운 적은 많이 없어도 작은 배려가 실천되는 것만으로도 나는 세상이 더 따스한 온도를 가질 수 있다고 생각한다.

하지만 배려를 강요하거나 당연한 권리로 생각하는 경우도 자주 볼 수 있다. 버스나 지하철에서 힘들거나 다리가 아파 앉아있었는데 대뜸 왜 젊은 사람이 자리를 양보하지 않느냐며 어른에게 꾸중을 들었다는 사례는 적지 않게 찾을 수 있고, 중학교 때는 아이가 뒷사람들을 배려해 문을 잡아주었는데 아무도 그 문을 이어서 잡아주지 않고 당연하다는 듯 문을 지나가더라는 이야기를 선생님을 통해 들었다. 배려심이 지나치게 강요되거나 당연히 누려야 하는 권리로 치부되어 오히려 배려를 베푸는 사람이 손해를 입는 아이러니한 일도 생긴다는 게 씁쓸한 이면이기도 하다.

진정으로 배려가 오가는 따뜻한 세상이 만들어지기 위해서는 모두가 다른 사람을 배려하려는 마음을 가져야 한다. 아주 작은 배려부터 나누어 다른 사람을 생각하는 마음을 가지는 것만으로도 대한민국이 살아가기 좋은 나라, 마음이 따뜻하게 데워지는 사회로 거듭날 수 있지 않을까 싶다

4

진실한 관계를 가로막는
오만과 편견

한국경제 김재윤 생글기자(염창중 2년) 2019.09.23.

오만은 건강하지 못한 자존감이자 남이 나를 어떻게 봐 주기를 바라는 허영이고,
편견은 나의 눈과 귀를 가려 다른 사람을 오해하게 하는 삐딱함이다.
진실한 관계 맺기를 위해 우리가 지양해야 할 것들이다.

'편견은 나의 눈을 가려 다른 사람을 사랑할 수 없게 만들고, 오만은 나의 심장을 차갑게 식혀 다른 사람이 나를 사랑할 수 없게 만든다.'

제인 오스틴의 소설 《오만과 편견》을 읽고 들었던 생각이다. 영국의 시골 마을 롱번을 배경으로 베넷가의 딸들인 제인과 엘리자베스의 사랑과 결혼 이야기를 그린 '오만과 편견'은 19세기에 출판된 고전 문학이지만 현대를 사는 우리가 공감할 만한 부분도 많은 작품이다. 이 작품은 편견과 오만에 사로잡혀 서로의 참모습을 알아보지 못했던 주인공 엘리자베스와 다아씨가 자신들의 어리석음을 깨닫고 진정한 사랑의 결실을 보게 된다는 로맨스 소설이다. 하지만 그 바탕에는 남녀 간의 사랑을 떠나 사람과 사람 사이의 '관계 맺기'에 대한 중요한 시사점이 있다.

첫인상은 5초 만에 결정된다는 말이 있다. 5초는 사람을 판단하는 데 너무도 부족한 시간이지만 불행히도 우리는 이 찰나의 시간 동안 우리가 받아들인 정보에 의해 상대에 대한 호불호를 결정한다. 그리고 만약 그 첫인상이 좋았다면 우리는 왠지 상대가 가진 배경이나 다른 능력 역시 뛰어날 것이라고 착각하면서 상대방에 대해 왜곡된 상상의 이미지를 키워간다. 하지만 정작 사람들이 관계를 맺고, 그 관계를 유지할지 말지를 결정하는 데 큰 영향을 미치는 것은 첫인상과 같은 얄팍한 척도가 아니라 그의 됨됨이가 얼마나 진실한가 하는 것이다.

제인 오스틴이 그녀의 소설 《오만과 편견》을 통해 우리에게 말하고자 했던 것은 상대를 마음의 눈으로 보지 않는 태도나 근거 없는 오만을 품고 상대방을 판단하려는 마음을 경계하라는 것 아니었을까? 누구나 마음속에 오만과 편견을 가질 수는 있지만, 그것을 바로잡지 못한다면 진실한 관계 맺기는 어려울 것이다.

오만은 건강하지 못한 자존감이자 남이 나를 어떻게 봐 주기를 바라는 허영이고, 편견은 나의 눈과 귀를 가려 다른 사람을 오해하게 하는 삐딱함이다. 진실한 관계 맺기를 위해 우리가 지양해야 할 것들이다.

5

"코로나와 싸워줘서 고맙습니다"…
감물초 학생들이 보건소에 보낸 선물

한겨레 오윤주 기자 2020.07.02.

"우리를 위해 코로나19와 싸워 주셔서 고맙습니다. 함께 반드시 이겨내요."

충북 괴산군 보건소는 감물초 학생들한테서 세상에서 가장 귀한 선물을 받았다고 2일 밝혔다. 감물초 학생들이 건넨 선물은 손수 길러 수확한 감자다.

괴산군보건소 직원 등이 감물초 학생들이 선물한 감자를 보이고 있다 ⓒ 괴산군 제공

학생들은 학교 주변 마을과 '학교−마을 연합 방과후 학교' 프로그램의 하나로 감자 프로젝트를 진행했다. 수요일마다 수업 뒤 마을 한쪽에 마련한 감자밭에서 손수 감자를 키우는 일이다. 전교생 49명 가운데 40명이 참여했다.

하지만 코로나19 탓에 등 교하지 못하자 이웃 영농 단체인 흙사랑 영농조합 이 파종 등 학생들의 농사 를 도왔다.

코로나19가 잠잠해지고 등교가 시작되면서 마스 크를 쓰고 감자밭에 나가

감물초 학생들이 손수 재배해 수확한 감자를 고 르고 있다 ⓒ 감물초 제공

꽃도 따고, 풀도 뽑았다. 지난달 24일 감자 500㎏을 수확했다.

학생자치회를 열어 감자 활용방안을 논의했다. 김주호 교사는 "다 양한 의견이 나왔는데 코로나19로 힘쓰는 보건소 선별진료소에 선물 하자는 말이 나와 깜짝 놀랐다. 이견이 거의 없었다"고 말했다.

김 교사와 김민석 학생회장 등은 지난달 29일 오후 선별한 최상품 감자 20㎏을 괴산군 보건소에 내려놨다. "우리가 정성껏 키워 수확한 감자입니다. 군민들의 건강을 지키려고 코로나19와 싸워주셔서 고맙 습니다. 많이 드시고 건강하세요."

보건소는 학생들의 깜짝 선물에 놀랐다. 윤태곤 괴산군 보건소 보 건행정팀장은 "감동 그 자체였다. 아이들의 땀이 밴 감자를 먹고 힘을 내 코로나19 종식을 위해 최선을 다하겠다"고 말했다.

학생들은 보건소뿐 아니라 이웃 노인요양보호시설인 무지개마을과 괴산 장애인복지관에도 감자를 선물했다.

6

공부가 싫다는 아이에게
부모가 해줄 수 있는 최고의 조언은…

오은영 정신건강의학과 전문의 소아청소년클리닉 원장 2019.12.16.

초등학교 5학년 아이가 영어 학원에 가는 게 너무 싫다고 했다. 부모 말이 머리는 좋은데 공부를 너무 하기 싫어한단다. 나는 아이에게 "기본적으로 해야 하는 공부나 숙제는 좀 하니?"라고 물었다. 아이는 당당하게 "아니요."라고 답했다. 재미가 없단다. "공부가 재미없지 뭐"라고 말하니, 아이는 "과학이나 음악은 재밌어요. 그래서 저는 그것만 해요."라고 했다. 나는 아이에게 "그렇구나. 그런데 초등학교 다닐 때는 뇌를 발달시키는 시간이라 편식을 하듯 공부도 편식하면 안 되는데"라고 말했다. 아이는 편식이라는 단어가 귀에 콕 박혔는지, "저 편식은 안 하거든요. 다 잘 먹어요."라고 반박했다. "아니, 편식처럼 어느 과목만 골라 하는 것은 뇌를 균형 있게 발달시키는 것을 방해해."라고 설명해줬다. 아이는 한참을 생각하더니 엄마가 영어 학원을 가라고 해서 가고는 있지만 영어가 진짜 싫다고 고백했다. 나는 "그래, 영어 공부가 우리말이 아니니까 싫을 수 있어. 근데 영어는 너무 안 하면 두고두고 고생해."라고 했다. 아이는 "왜요?"라고 물었다. "학교에서도 영어 시험을 봐. 대학 갈 때도, 취직할 때도, 승진할 때도 영어 시험을 봐. 미뤄놓고 안 해도 되면 상관없지만, 두고두고 해야 하는데 좀 하는 것이 낫지 않을까?" 했더니 아이는 그래도 안 할 거라고 했다.

그래서 "네가 좋아하는 과학책을 읽으려면 영어를 좀 할 줄 알아야 할걸."이라고 했다. 아이는 "왜요?"라고 물었다. 진료실 책장에 꽂힌 전공서적을 보여주며 이것이 다 영어로 되어 있다고 말해줬다. 아이는 번역서를 읽으면 된다고 했다. "번역하는 사람도 이윤을 남기려면 사람들이 많이 읽는 책은 번역하지만, 네가 좋아하는 책들은 하지 않을 수 있어." 그제야 "진짜요?"라고 했다. "억지로 하라고는 안 해. 10년쯤 지나면 동시통역 기계도 나오고 아마 영어를 안 배워도 의사소통에는 문제가 없을 거야. 그런데 네가 좋아하는 책을 읽는 건 좀 어려울 수도 있어. 그래서 좀 하라는 거야."라고 말했다.

남자아이들 중에는 악필이 유난히 많다. 어떤 아이는 자기가 쓴 숫자도 못 읽는다. 계산에 자주 오류가 발생한다. 그럴 때도 똑바로 쓰라고 혼내기보다 이렇게 말해주면 좋다. "네가 어른이 되어서 돈을 많이 벌었어. 중요한 계약을 해야 돼. 중요한 계약은 컴퓨터로 하면 안 되고, 자필로 써야 하거든. 그런데 잘못 써서 상대방이 숫자를 잘못 읽는다거나 실수로 0을 하나 더 붙이면 어떻게 될까?" 그러면 아이들이 고개를 절레절레 젓는다. "그래서 정확하게 쓰라는 거야. 잘못 쓰면 돈을 더 줘야 해." 이렇게 얘기하면 정확하게 써야 하는 것의 중요성을 조금은 깨닫는다.

아이가 자랄수록 양육에서 공부를 생각하지 않기는 어렵다. 이런 때 아이가 공부를 끝까지 포기하지 않고 잘 해내게 하려면 어떻게 하면 될까? 공부가 싫다고 하면, 쿨하게 인정해주어야 한다. "너는 그렇게 생각하는구나. 너는 지금 그런 마음이구나", 수긍해주면 아이가 덜 발끈한다. 그리고 나서 아이에게 일반적이고 보편적인 것을 들어 필요성에 대해서 설명해주었으면 한다.

아이가 공부를 너무 안 하려고 한다면, "그런데 공부는 다른 아이들도 다 하잖아. 고등학교까지는 전부 다니잖아. 배워야 뇌가 발달하거든."이라고 말한다. 아이가 "그런데 다른 아이들도 다 싫어한다고요."라고 말할 수도 있다. "맞아. 좋아하는 사람이 없지. 노는 것보다 공부를 좋아하는 사람은 많지 않아. 그런데 대부분 애들은 그래도 참고 하잖아. 네가 이렇게 싫어하는 것은 좀 문제인 거야. 그 이유를 찾아봐야 돼.", 아니면 "모든 과목을 100점 맞으라 하는 것도 아닌데, 기본적인 것도 안 하려는 것은 문제야." 정도로 이야기해주는 것이 좋다. 아이의 생각을 수긍해주면서 차근차근 설명해주면 반박을 하다가도 '내 생각이 다는 아니네.'라는 생각을 한다.

공부를 해야 할 필요성을 너무 비장하게 말하지 말자. 부모가 비장하면 할수록 아이는 공부가 더 무섭다. 부담이 돼 더 하기 싫어진다. 가볍고 짧게 아주 가끔만 그 중요성에 대해 이야기하는 것이 훨씬 효과적이다. 할 수 있다면 아이들 코드에 맞게 유머러스하게 해줄 수 있다면 더 좋다.

7

영준이의 6년 된 가방

조선일보 주희연 사회정책부 기자 2019.12.07.

전국의 수험생들에게 대학수학능력시험 성적표가 배부된 지난 4일 경남 김해에서 송영준⒅ 군을 만났다. 영준이가 들고 있는 성적표는 만점이었다. 사회적 배려 대상자 전형으로 김해외고에 입학해 전교생 127등 중 126등에 그쳤던 영준이가 전국 1등이 됐다. 영준이는 "'수능 만점'의 행운을 가져다준 부적"이라면서 가방에 매단 장식을 보여줬다. 부적보다 낡은 가방에 눈길이 갔다. 오래 써서 천 구석구석이 뜯어지고 가방 손잡이는 해져서 덜렁거렸다. 중학교 입학 선물로 고모가 사줬는데 6년간 매일 들고 다녔다. 영준이는 수능 보는 날도 이 가방을 메고 갔다. 영준이 어머니는 "평소 용돈 줄 형편이 안 돼 필요한 데만 쓰라고 그때그때 돈을 주는데, 가방 하나 사라고 해도 괜찮다고 안 사고 저 가방을 계속 들고 다닌다."고 했다.

영준이 사연에 일부 네티즌이 "어려운 살림에 얼마나 마음고생이 심했을까?", "상대적 박탈감을 이겨내 대단하다."고 했지만, 영준이 얼굴에는 그늘이 없었다. 집안 형편 생각해 공고로 전학 가려 했지만,

6년 동안 써서 이곳저곳 고장 난 가방을 부끄러워하는 아이가 아니었다. 영준이 어머니는 "아들에게 가장 고마운 건 공부 잘하는 게 아니라 엄마 앞에서 늘 웃어준 것"이라고 했다.

영준이가 잠깐 자리를 비운 새 영준이 어머니는 어려웠던 살림 이야기를 하면서 몇 번이나 눈물을 쏟았다. "남편을 잃고 경제적으로 어려워졌는데 엄마가 힘들까 봐 영준이는 흔들리는 모습을 보인 적이 없다."고 했다. 공부하라고 잔소리할 시간도 없었지만, 그럴 필요도 없었던 아들이라고 했다.

영준이 어머니는 "없는 살림이지만, 우리 모자가 인복(人福)은 많다"며 집에서 보관하고 있던 편지를 꺼냈다. 수능 전날 영준이에게 학교 영양교사가 준 편지였다. "언제나 성실하고 인사성 밝은 널 보며 외고에 근무하게 된 게 자랑스럽고 너희를 위해 최선을 다해야겠다는 욕심이 생겼어. 그동안 쌓아온 너의 노력이 헛되지 않도록 꽃길만 걷길 바란다." 평소 영준이가 얼마나 노력했는지 보지 않고도 느껴졌다.

영준이의 이야기가 알려지면서 이곳저곳에서 장학금, 생활비 등 도움을 주고 싶다는 연락이 계속 왔다. 영준이가 "고맙긴 한데, 영 부담스러운데요. 제가 이거 다 갚을 수 있을까요?" 하자, 어머니가 말했다. "네가 앞으로도 열심히 해서 큰사람 돼서 어려운 사람들 도와주면 된다. 사회에 보탬이 되는 사람이 돼서 갚아야 한다."

'노력해도 안 된다'며 자조하는 청년 세대가 만든 '노오력'이라는 말이 유행하는 세태에서 "하면 된다"는 영준이의 말이 가슴에 꽂혔다.

"용이 되지 않더라도 개천에서 붕어, 개구리, 가재로 살아도 행복한 세상을 만들겠다"는 말 대신 그래도 "열심히 노력하면 용이 될 수 있다"는 메시지가 필요하지 않을까. 영준이가 많은 어른을 부끄럽게 했다.

8

30년간 450명에게 장학금 3억,
저는 신문 배달원입니다

조선일보 강릉 김영준 기자 2019.11.28.

조선일보 남강릉센터 박영봉 씨, 대학교 교직원 근무하며 '투 잡'

軍서 부상, 재활운동 삼아 시작

"종이 신문은 휘발되지 않는 지식… 젊은이들이 좀 더 많이 읽었으면"

척추 부상으로 오토바이를 타지 못해 매일 도보로 신문을 배달하며 30년간 총 3억 원의 장학금을 학생들에게 지급한 박영봉 씨는 "이제 교직원으로서는 은퇴했으니 불우 이웃과 국가유공자 등을 돕는 봉사 활동도 본격적으로 시작할 것"이라고 했다. ⓒ 박상훈 기자

지난 19일 강원 강릉교육지원청에서 가정 형편이 어려운 학생 44명이 장학금 총 1,000만 원을 받았다. 장학금을 수여한 곳은 1인 장학회인 '촛불장학회'. 설립 30주년을 맞은 촛불장학회는 지금까지 학생 450여 명에게 장학금 총 3억 원을 지급했다.

'촛불장학회'를 만들고 운영하는 이는 신문 배달원 박영봉(62) 씨다. 조선일보 CS내셔널팀 남강릉센터의 배달원인 박 씨는 1989년부터 지금까지 강릉 가톨릭관동대 캠퍼스와 주변 지역에 조선일보 신문을 배달하고 있다. 그는 신문 배달로 버는 돈에 자비를 보태 장학금을 지급하고 있다.

신문 배달은 그에게 '투 잡(two job)'이다. 올 초 퇴직하기까지 가톨릭관동대에서 교직원으로 근무한 30여 년 동안 박 씨는 매일 오전 3시 30분에 일어나 신문 배달을 한 뒤 출근하는 삶을 살았다. 척추 부상으로 오토바이를 타지는 못해 도보로 배달한다. 안정적인 직업을 가졌으면서도 신문 배달을 하고 장학금 사업을 하게 된 이유에 대해 박씨는 "모든 출발점은 군에서 당한 사고였다"고 했다.

"특전사 시절 낙하산 훈련 중 추락 사고로 척추와 무릎을 다쳤는데 재활을 겸해 매일 걸을 수 있는 신문 배달을 시작했어요. 추락 사고에도 죽지 않고 살아남은 것에 감사해 남은 인생은 봉사를 하며 살자는 생각으로 배달로 받은 돈을 뜻깊은 곳에 쓰고 싶었죠."
그래서 장학회 이름도 '스스로 희생하지만 주변을 환하게 밝힌다'는 의미에서 '촛불'로 지었다고 했다.

박 씨는 신문 배달을 하면서 종이 신문의 열렬한 팬이 됐다. 조선일보 1면 헤드라인을 통해 남들보다 빨리 소식을 접하는 매력에 빠진 그는 매일 사설과 메인 칼럼을 스크랩한다고 한다. 박 씨는 "내가 좋아하는 신문을 다른 사람 집에 배달하는 것만으로도 즐거운데, 이를 통해 학생들을 돕는 일은 삶을 더 열심히 살게 해주는 엔도르핀 같다"고 했다. 그래서 그는 젊은이들이 종이 신문에 친숙하지 않은 세태가 안타깝다고 했다.

"한 번 읽고 휘발되는 인터넷 기사와 달리 신문 기사는 축적되는 지식이란 걸 사람들이 많이 알았으면 합니다."

박 씨는 장학금을 받는 학생들에게 세 가지 정신을 강조한다. '목표 정신', '새벽 정신', '촛불 정신'이다. 삶의 목표를 정하고, 목표를 이루기 위해서는 나태해지지 않도록 일찍 일어나는 삶을 살아야 하며, 목표를 이루고 나서는 혼자 잘살려 하지 말고 이웃과 함께 살라는 의미다.

박 씨는 "몇 년 전, 1990년대 초에 장학금을 받았던 학생이 40세 회사원이 돼서 찾아와 '선생님이 말씀하신 세 가지 정신 덕분에 행복하게 살고 있다'고 말했을 때가 장학회를 시작하고 나서 가장 뿌듯했던 순간"이라고 했다

박 씨는 대기업이나 재벌이 주도하는 장학 사업을 넘어 평범한 사람도 참여할 수 있는 환경이 조성되길 바란다고 했다.

"저를 칭찬해주는 사람들에게 '한 번 해보시라'고 권하면 '나 같은 사람이 무슨 장학 사업을 하느냐'는 반응이 대부분이에요. 하지만 한 달에 10만 원씩 1년만 모아도 학생 한 명에게는 공부 의지를 북돋워주기에 충분한 돈이 되죠. 이 좋은 일, 많은 분이 '작게' 시작했으면 좋겠습니다."

9

치매 할머니에 신발 벗어준
'천사' 여학생 찾았다

조선일보 안별 기자 2019.05.28.

치매 할머니가 길거리를 위험하게 걷자 안전한 장소로 인도하고 자신의 신발까지 벗어준 여학생은 경기도 광주에 거주하는 박다영(22) 씨인 것으로 알려졌다.

한 여학생이 치매 할머니에게 신발을 벗어준 모습 ⓒ 온라인 커뮤니티 캡처

박다영 씨는 28일 국민일보와 인터뷰에서 "저는 양말을 신고 있고 할머니는 맨발이었다"며 "그러니 당연히 벗어 드려야 했다. 그냥 평소처럼 집에 가서 하룻밤 푹 자고 일어났는데 많은 분들이 제가 한 일 때문에 행복해하신다니 얼떨떨하다"고 했다.

박 씨는 "처음에 그냥 지나치려고 했는데 너무 위험하다는 생각이 들어 빨리 뛰어가서 할머니를 안전한 곳으로 모시고 왔다"며 "할머니가 다치시면 안 된다고 생각했다. 전 양말을 신고 있으니 괜찮다고 생각했다"고 했다.

박 씨는 경기도 광주시 한 카페에서 바리스타로 일하고 있는 것으로 알려졌다. 또 28일 경기도 광주경찰서로부터 표창장을 받은 것으로 알려졌다.

지난 27일 한 네티즌이 자동차 커뮤니티 보배드림에 '힘든 시기 감동을 준 여학생'이라는 제목의 글을 게재하면서 네티즌들은 여학생 찾기에 나서왔다.

당시 네티즌은 "26일 경기도 광주보건소 근처 삼성프라자 앞 사거리에서 치매가 의심되는 할머니 한 분을 목격했다"며 "신발을 한쪽만 신고 있었고 바지에는 오물이 묻어 있는 것으로 보였다. 자꾸만 차도 쪽으로 걸어와서 사고가 날 것 같았다"고 했다.

이어 "사고가 날 것 같아 차에 타고 있던 아이들에게 경찰에 신고해 달라고 하고 차에서 내리려고 하는데 어디에서 여학생이 나타나더니 할머니를 안전한 곳으로 모시고 갔다"며 "자신이 신고 있던 신발도 벗어서 신겨드렸다. 학생은 맨발로 할머니 손을 잡고 걸어갔다"고 했다.

이어 "예쁘고 착한 학생 덕분에 행복했다"고 덧붙였다.

네티즌은 할머니에게 신발을 신겨드리는 여학생의 모습을 사진도 게재했다. 네티즌들은 "마음이 훈훈하다", "이런 딸 있으면 100명이라도 낳겠다" 등의 반응을 보였다.

10

중원대 보건행정학과 조문성 씨,
서울 지하철역 임산부 출산 도와

중부매일 서인석 기자 2020.04.09.

괴산 중원대학교 보건행정학과 학생이 서울 지하철 1호선 용산역에서 임산부 출산에 직접 도움을 준 용기 있는 선행이 알려져 훈훈한 감동을 주고 있다.

중원대 보건행정학과 조문성(여) 씨는 지난 3월 28일 저녁 8시쯤 서울 용산역 승강장에서 만삭의 20대 임산부가 갑작스런 진통으로 도움이 필요했고, 때마침 현장에서 배운 지식을 토대로 차분하게 산모와 아이 상태를 확인하며 119 신고 후, 산모에게 마사지를 시행했다.

산모와 아기 모두 위험할 뻔했던 순간이었지만, 조 씨를 비롯한 시민들의 손길로 소중한 새 생명이 태어날 수 있었다

이 같은 조 씨의 선행은 익명의 제보자가 해당 사실을 학교 측으로 제보하면서 알려지게 됐다.

조문성(보건행정학과 19학번) 학생은 "그런 위급한 상황에 닥치면 누구

라도 도와주셨을 거라고 생각이 들며 그 당시 많이 당황했지만 침착하게 보건학도로서 해부생리학 수업과 교수님들의 경험담 등을 떠올리며 아이와 산모의 상태를 체크 할 수 있었다"며 "제일 중요한 건 산모와 아이가 무사해서 다행이고, 이번 일을 계기로 더욱 열심히 공부해서 좋은 의료인이 되겠다"고 소감을 밝혔다.

김두년 총장은 "긴박한 상황에서도 선뜻 도움의 손길을 뻗은 보건행정학과 조문성 학생이 너무 대견하다며 용기 있는 선행에 대해 학교 차원의 표창을 할 예정이다."라고 하며 "항상 중원인으로서의 자부심과 긍지를 잊지 말고 어떤 상황에서도 아프고 소외된 이웃의 고통을 따뜻하게 돌보는 참된 의료인으로 성장해 나가길 바란다"고 격려했다.

11

온라인 수업 못 듣는 반지하 대학생에…
시간 강사가 보내온 15만 원

조선일보 장근욱 기자 2020.05.01.

온라인 수업에 자꾸 지각하고 조퇴하자

사연 알게 된 교수가 "카페 가서 수업 들으라"며 쾌척

와이파이가 잘 터지지 않는 반지하 방에 살고 있는 연대생에게 "카페에 가서 수업을 들으라"며 사비(私費)로 카페 이용료를 쾌척한 시간 강사의 선행이 인터넷을 뜨겁게 달구고 있다. 사이버 강의로만 만난 사제(師弟) 간의 온정에 네티즌들은 '세상은 아직 따뜻하다'는 반응을 내놨다.

이 같은 따뜻한 사연은 제자가 온라인에 감사하다는 글을 올리며 알려지게 됐다.

지난달 29일 밤 연세대 학생들이 이용하는 커뮤니티 '에브리타임'에는 '최미호 교수님 감사합니다'라는 제목의 글과 함께 입금 내역이 찍힌 사진이 올라왔다.

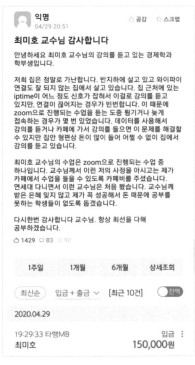

ⓒ 커뮤니티 캡처

글쓴이는 스스로 "반지하 집에 살면서 옆집 무선 인터넷을 빌려 쓰는 처지"라고 고백하며 "실시간 화상 채팅으로 이뤄지는 온라인 대학 강의에 출석을 제대로 하지 못했다"고 썼다. 와이파이가 자꾸 끊기다 보니 온라인 수업에 지각하거나 수업 도중 튕겨서 조퇴 처리되는 일이 잦았다는 것이다. 그러나 기초생활보장 수급자인 이 학생은 집안 형편상 집에 인터넷을 설치하거나 카페에 가서 공부할 처지는 못 된다고 했다.

글쓴이는 "이런 사정을 알게 된 교수님이 와이파이가 잘 되는 카페에서 수업을 들을 수 있도록 비용을 보내주셨다"며 "꼭 성공해서 나처럼 돈 때문에 공부 못 하는 학생들이 없게 돕겠다"고 썼다.

이 글쓴이는 1일 본지와의 통화에서 "교수님이 직접 번호를 구해 전화를 주셨다"며 "상황을 듣고는 와이파이가 잘 터지는 카페에 가서 공부할 수 있게 커피값을 보내주고 싶다는 제안을 하셨다"고 말했다. 이 학생이 한사코 사양했지만 해당 교수가 "부끄러운 일이 아니라 단지 불편한 일이다. 공부하는 데 조금이라도 도와주고 싶다. 대단한 일도 아니니 받아주면 좋겠다"며 거듭 권했다고 한다. 이 교수는 주저하는 학생에게 "대신 이번 학기 수업은 A⁺를 받아야 된다"며 전화를 끊었다.

교수의 도움을 받은 학생은 곧바로 커뮤니티에 글을 올렸다. 이 학생은 "교수님께 이런 도움을 받아보는 게 처음"이라며 "이런 교수님도 있다는 것을 알리고 싶었다"고 말했다. 그러면서 "교수님과는 실제로 온라인 강의를 제외하면 얼굴 한 번 본 적 없는 사이"라며 "장학금 받으려고 온갖 서류 준비하면서 고생하던 기억이 많은데 교수님은 저에게 어떤 증명 서류도 요구하지 않고 도와주셨다"고 덧붙였다.

본지가 확인한 결과 이 글에 등장하는 최미호 교수는 전임교원이 아니라 작년 가을학기부터 2학기째 연세대에 출강 중인 시간 강사다. 최미호 교수는 본지 통화에서 "별 도움을 준 것도 아닌데 화제가 됐다는 게 놀랍다. 70년대생으로 내가 공부할 때는 서로 도움을 주고받는 것은 자연스러웠다"고 했다. 또 "요즘 젊은이들이 사소한 일에도 감동받을 정도로 각박하게 살아온 것 같아 오히려 안타깝다"고 말했다.

이 같은 사연이 알려지자 연세대 학내 커뮤니티에서 20분 만에 '좋아요' 100개를 돌파한 데 이어, 이틀 만에 1,500명이 넘는 사람들이 '좋아요'를 눌렀다. 학생들은 "이게 대학이고 참 교수님이다", "괜히 내가 울컥했다"는 반응을 보였다.

최 교수는 "어려운 상황에 처해 있는 학생들이 희망을 잃지 않고 학문에 정진했으면 좋겠다"고 전했다.

12

"옷 한 벌 못 사도 행복합니다"
99세 참전 용사 부부의 선행

국민일보 서지원 인턴기자 2020.04.09.

ⓒ 서귀포시 제공

6·25 참전 국가 유공자인 99세 할아버지가 오랫동안 모은 수당 2,000만 원을 신종 코로나바이러스 감염증(코로나19) 성금으로 기부해 감동을 주고 있습니다.

주관섭(99) 할아버지와 백영순(80) 할머니 부부는 8일 직접 제주 서귀포시를 방문해 2,000만 원을 기탁했습니다. 거동이 불편한 부부는 지팡이를 짚으며 한 발 한 발 느리게 걸었지만 표정은 무척 밝고 따뜻했습니다.

부부는 코로나19와 관련한 뉴스와 기부 소식을 계속 접하면서 성금 기탁을 결심했습니다. 알뜰하게 모아온 돈을 좋은 곳에 쓰고 싶었습니다.

주 할아버지는 "그동안 나라에 도움만 받고 살아왔다"며 "코로나19 사태로 힘들어하는 취약 계층을 보면서 내가 받은 사랑을 되돌려 주고 싶다는 생각이 들었다"고 말했습니다.

주 할아버지의 고향은 북한인데 6·25 때 전쟁을 피해 남쪽으로 내려왔습니다. 이후 나라를 지키겠다는 신념으로 국군으로 참전하면서 국가무공수훈자 인정을 받았습니다. 또 서울에서 백 할머니를 만나 결혼생활을 하다가 제주로 내려왔죠.

사실 두 분의 형편도 넉넉하진 않습니다. 국가유공자에 기초생활수급자인 어르신 부부는 영구임대아파트에서 생활하며 유공자 수당과 생활비 지원금으로 빠듯하게 생계를 이어가는 중입니다.

백 할머니는 "옷 한 벌 사 입을 형편도 못 되지만 그동안 알뜰하게 저축한 돈을 필요한 곳에 쓸 수 있게 돼 너무 행복하다"며 웃어 보였습니다.

"나보다 더 힘든 사람을 돕고 싶다"는 주관섭·백영순 부부의 말에선 진정한 어른의 모습이 느껴집니다.

부부의 선행은 이번이 처음이 아닙니다. 지난 3월엔 제주사회복지공동모금회에 400만 원을, 서귀포시 동홍10통 노인회에 100만 원을 기부하며 따뜻한 마음으로 이웃 사랑을 실천해 왔습니다.

양윤경 서귀포시장은 "고령의 나이에 경제적 형편도 어려우신데 이웃 사랑을 실천하신 것에 진심으로 감사와 존경을 표한다"며 "어르신의 선행이 널리 알려져 더불어 사는 사회의 본보기가 됐으면 좋겠다"고 말했습니다.

고령에도 멋지게 선행을 계속하는 두 분을 보니 선행을 하기에 늦은 나이란 없는 것 같습니다. 지금 오늘의 실천이 가장 중요한 것이

겠죠.

요즘은 세상에 온통 불안하고 걱정스러운 일만 있는 것 같습니다. 하지만 힘들 때일수록 가끔씩 들려오는 따뜻한 소식에 희망을 얻게 됩니다. 모두가 두 분처럼 마음을 보탠다면 우리는 위기를 극복할 수 있을 겁니다.

13

폐지 주워 모은 1,000만 원
처인복지관에 기탁

용인신문 이강우 기자 2020.04.20.

뇌병변 장애 어르신 "어려운 시기 누군가에 도움되고 싶다"

뇌병변 장애를 앓고 있는 한 시민이 폐지를 주워 모은 성금 1,000만 원을 용인시 처인구 장애인복지관에 이웃 돕기 성금으로 기탁한 사실이 뒤늦게 알려져 감동을 주고 있다.

용인시는 지난 12일 처인구 포곡읍의 뇌병변장애가 있는 어르신 K(77) 씨가 최근 처인 장애인복지관에 성금 1,000만 원을 기탁했다고 밝혔다.

어르신이 기탁한 성금은 그동안 폐지를 주워 팔거나 장애인복지관에서 지원한 후원금 등을 틈틈이 모아 마련한 것으로 알려졌다.

일정한 수입과 돌봐줄 가족이 없어 생활이 굉장히 어려운데도 불구하고 이 어르신은 당장 처분이 힘든 땅을 일부 갖고 있어 정부의 지원 대상에는 포함되지 않았다.

지난 2013년 뇌병변장애 5급으로 처인 장애인복지관 회원으로 등록한 이 어르신의 어려운 처지를 알고 복지관에서는 종종 밑반찬 배달, 빨래 서비스, 민간 후원금 등을 지원해 왔다.

어르신은 성금을 전달하며 "평소에 복지관으로부터 많은 도움을 받아 늘 고마운 마음이 있었다"며 "이렇게 힘든 시기에 나도 누군가에게 도움이 되고 싶어 성금을 기탁하게 됐다"고 말했다.

시는 이 성금을 코로나19로 어려움을 겪는 지역 내 장애인들을 지원하는 데 쓸 예정이다.

14

LA 폭동 당시 흑인들이 지켰던 한국인 '마마'를 아시나요

한국일보 이유지 기자 2020.06.13.

"피부색 관계없이 존중"… 흑인들이 엄마처럼 따른 홍정복 씨

무장 강도에 피살…"살인마 찾아 대가 치르게" LA 울린 죽음

미국 인종 차별 항의 시위가 격렬해지면서 많은 상점들이 피해를 입고 있죠. 이미 한인 상점 150여 곳이 약탈당했고, 최근엔 한 흑인이 한국인이라는 이유로 노인을 폭행한 사실이 알려지면서 논란이 일고 있는데요. 이번 사태를 두고 과거 백인의 인종 차별에 대한 분노에서 시작돼 한인-흑인 사이의 갈등으로까지 번졌던 1992년 'LA 폭동'을 떠올리며 걱정하는 시선도 있습니다.

당시 한인 타운 대부분이 파괴되고 타버리는 등 쑥대밭이 됐죠. 그때 흑인들이 직접 나서서 보초를 서면서까지 지켰던 한 한인 상점이 있어 지금까지도 언급되고 있는데요. 이 가게의 주인은 바로 인근 주민들에게 '마마(Mama)'로 불렸던 홍정복 씨입니다. 어떤 사연이 있는 걸까요. 서로를 존중하는 법을 잊은 듯 증오와 분노가 만연한 오늘,

홍 씨를 다시 기억에 새기려 합니다.

차별 없는 친절에 '마마'라 불려…가게는 LA 폭동서 홀로 살아남아

홍 씨가 사망한 후 그가 운영하던 가게 '밴네스 스토어' 앞에 추모의 마음을 담은 꽃과 양초, 편지들이 놓여있다 ⓒ KBS 뉴스9 캡처

홍 씨는 LA에서도 대표적 흑인 거주 지역인 사우스 센트럴에서 가족과 함께 작은 환전소 겸 식료품점인 '밴네스 스토어'를 운영하던 평범한 중년 여성이었습니다. 그는 1971년 미국에 이민을 가 간호사 보조로 일하다 1980년대 중반부터 남편, 두 자녀와 함께 15년 동안 가게를 꾸려왔는데요. 인근 주민이라면 홍 씨를 모르는 사람이 없었다고 해요. 특히 흑인들은 그를 엄마처럼 따랐습니다. 차별을 모르는 따뜻한 그의 인성에 '마마'라는 별명이 붙었죠.

그에게는 평범하지 않은 면모가 있었는데요. 친절이 남달랐다는 점입니다. 지역 주민들이 말하는 당시 일화를 살펴보면 어린 나이에 엄마가 돼 아이 기저귀와 우유를 살 돈이 없는 여성이 망설이고 있자 홍 씨는 가방에 물건들을 챙겨주고 귓속말로 "돈은 다음에 주세요"라 말하고 돌려보냈다고 하는데요. 감동한 이 여성은 이후 약속을 지켰다고 합니다. 맥주 캔을 훔쳐 달아나는 청년의 뒤에 대고는 "조심해, 넘어질라."라고 걱정의 말을 건넸고요.

한번은 가게를 찾은 한 남성이 생계 보조비로 받은 수표로 술을 사며 홍 씨에게 "나머지는 현금으로 바꿔달라"고 말했다고 하는데요. 술에 취한 그가 혹여 허투루 돈을 쓸까 걱정한 홍 씨는 남성의 집에 전화를 걸어 부인에게 거스름돈을 직접 받아가도록 챙겨주기도 했습니다. 10대 흑인 청소년들이 우르르 가게에 들어와도 감시의 눈초리가 아닌 부드러운 미소로 맞이해줬죠. 이러니 홍 씨의 가게를 한 번이라도 찾은 사람들은 다 그를 마마라고 부르며 좋아하게 됐다고 해요.

그리고 현지 교민들에게 지금까지도 '4·29'로 기억되는 그 날, 1992년 4월 29일 LA 폭동이 시작됐죠. 흑인이 백인 경찰의 구타로 청각 장애인이 된 로드니 킹 사건으로 민심이 폭발하던 중, 미국 언론이 갑자기 1991년 3월 16일 15세 흑인 소녀를 강도로 오인한 한인 마켓 주인 두순자가 우발적으로 총을 쏴 살해한 사건을 크게 조명하면서 흑인들의 분노는 한인을 향했습니다. 이로 인해 한인 상점 2,300여 곳이 파괴됐고, 피해액은 3억 5,000만 달러(약 4,112억 원)에 달했는데요.

당시 경찰은 할리우드 등 백인들이 주로 사는 지역만 보호하고 한인 타운 치안에는 손을 놓고 있었는데요. 한인들이 스스로를 지키기 위해 무장하고 옥상 위로 나서면서 '루프 코리안(Roof Korean)'이라는 단어가 생기기도 했죠. 이 가운데 홍 씨의 가게는 LA 한인 가게 중 유일하게 폭동으로 인한 피해를 입지 않아 눈길을 끌었는데요. 흑인들이 자발적으로 불침번을 서면서 교대로 그의 가게를 지켜줬기 때문입니다. 당시 최고조였던 한흑 갈등을 뛰어넘은 유대감이었죠.

흑인들 요청에 LA 지역사회장 장례…"남을 돕는 일 맡은 천사"

그로부터 7년이 지나 LA를 슬픔에 잠기게 한 사건이 발생합니다. 홍 씨가 1999년 2월 3일 자신의 가게 앞에서 권총을 든 무장 강도 2명에게 살해된 것입니다. 이 사건으로 그의 아들도 다리를 다쳤는데요. 52세의 나이에 세상을 떠난 홍 씨의 장례식은 지역사회장으로 세인트 브리지드 성당에서 치러집니다. 인근 흑인 주민들이 유가족에게 LA에서 홍 씨의 장례식을 치르게 해달라고 요청하면서 벌어진 일이죠.

국내 언론은 물론 LA타임스와 뉴욕타임스 등 현지 매체도 당시 홍 씨의 부고를 크게 다뤘는데요. 홍 씨의 죽음은 LA를 울렸습니다. 장례식에는 대부분 흑인들이 참석했다고 하는데요. 같은 달 11일 열린 장례식에서 단골손님이었던 LA 카운티 운수국 소속 버스운전사 6명은 정복을 입고 관을 운구했고, 300여 명의 흑인과 히스패닉 조문객이 찾아왔습니다. 식장에는 주민들 외에 시의원 등 지역 고위급 인사와 언론사 취재진까지도 몰렸는데요.

애써 찾아왔지만 주차할 자리를 찾지 못한 사람들은 홍 씨의 가게에 헌화하며 애도하기도 했습니다. '목요일 휴업, 마마 장례식'이라는 안내문이 붙은 홍 씨의 가게 앞에는 추모의 꽃다발과 촛불, 성경책, 편지들이 쌓여갔죠. 편지에는 "당신은 남을 돕는 일을 맡은 천사였어요, 마마", "영원히 사랑할 거예요." 등 생전 그의 성품을 짐작할 수 있는 내용이 담겼는데요.
심지어 동네 갱단의 한 젊은이는 붉은 글씨로 "마마, 우리가 살인마를 찾아 대가를 치르게 할게요"라는 쪽지를 남겼다고 합니다. 아울러 당시 사람들은 "주여, 저들을 용서하소서. 저들은 자신이 무슨 일을 했는지 모릅니다."라는 쪽지를 두고 '마마를 닮은 말'이라고 평가하며 또다시 눈시울을 붉히기도 했습니다.

한 흑인 소년은 장례식장에서 "마마는 피부색을 따지지 않고 우리를 인간으로 대우했다."라고 말하며 울먹였는데요. 시의회가 채택한 추모 성명서를 유족에게 전달한 마크 리들리 토머스 시의원은 추도사를 통해 "오늘 이 자리는 1991년 한국인 식품상이 흑인 소녀를 총으로 쏴 숨지게 한 사건이나 이듬해 일어난 LA 폭동 과정에서 흑인들이 한인 상점을 불

홍 씨의 장례식이 1999년 2월 11일 LA 사우스 센트럴 세인트 브리지드 성당에서 지역사회장으로 치러지고 있다 ⓒ KBS 뉴스9 캡처

태우고 약탈하던 것과는 정반대의 광경"이라며 "한흑 관계의 전형으로 비치던 과거의 일을 씻고 앞으로 지향해야 할 새로운 방향을 보여 준다."라고 말하기도 했어요.

LA시의회는 홍 씨를 살해한 범인에 대해 제보하는 사람에게 2만 5,000달러(약 3,000만 원)의 상금을 지급하는 안을 승인하기도 했는데요. LA 경찰은 이후 15일 만에 홍 씨를 살해하고 금품을 갈취한 용의자를 체포합니다. 경찰 측은 주민들이 적극적으로 증언하고 수사에 협조하면서 빠르게 용의자를 잡을 수 있었다고 설명하기도 했죠.

인종, 성별, 나이를 뛰어넘어 인간에 대한 배려와 존중을 보여준, 그래서 많은 이들로부터 사랑을 받고 지금까지도 한인, 흑인 사회에서 회자되는 홍 씨. LA 폭동 이후 28년이 지났지만 아직도 인종 차별과 폭력 시위가 되풀이되는 안타까운 현실을 바라보며 다시 한 번 '마마'를 떠올려봅니다.

15

추신수 "텍사스는 내 가족"…
'생계 곤란' 마이너리거 190명 도왔다

스포츠조선 김영록 기자 2020.04.09.

추신수(38·텍사스 레인저스)의 선행이 코로나19 여파로 삭막해진 미국 야구계를 따스하게 어루만졌다.

댈러스 모닝뉴스는 2일(한국시각) '추신수가 텍사스 구단 산하 마이너리거들에게 1인당 1,000달러(약 123만 원)를 기부했다'고 전했다. 추신수의 도움을 받은 마이너리거는 무려 190명에 달한다.

코로나19로 인해 리그 개막이 연기되자 마이너리거들은 당장 생계 곤란을 겪고 있다. 메이저리그 구단주들은 5월까지 3,200달러(약 393만 원)를 지급하기로 합의했지만, 시즌 개막이 불투명한 만큼 이후에 대한 보장은 없다.

리그 개막 연기 이후 텍사스 자택에 머물고 있던 추신수는 23살 당시 자신의 모습을 떠올렸다. 미국 진출 5년 만에 트리플A 선수가 됐고, 아들 앨런(추무빈)을 처음 낳았다. 추신수의 주급은 350달러(약 43만 원)에 불과했다. 추신수는 하루 20달러씩 주어지는 식비를 아껴 아들의 기저귀를 샀다고 그때를 회상했다.

추신수는 텍사스의 마이너리그 시스템에 포함된 190명 전원에게 조건 없이 1,000달러씩 전달하기로 했다. 한국 돈으로 약 2억 3,600만 원에 달하는 큰돈이다. 추신수는 "어린 선수들이 돈 걱정을 하지 않고 야구에 집중할 수 있으면 좋겠다. 내겐 힘든 시간을 보내는 이들을 도울 수 있는 힘이 있다. 야구 덕분에 얻게 된 여유를 야구에 돌려주는 것"이라고 설명했다.

추신수의 기부를 받은 선수 중 한 명인 스콧 엥글러는 "추신수는 존경받을 가치가 있는 남자다. 언젠가 나도 보답하고 싶다"는 뜻을 전했다.

추신수는 올해로 7년 1억 3,000만 달러(약 1,578억 원) 초대형 계약의 마지막 시즌을 보낸다. 하지만 추신수에게 금전적인 여유가 있다는 사실과 이를 기부에 쓰는 것은 전혀 다른 문제다. 추신수는 앞서 코로나19로 가장 큰 타격을 받은 대구에도 2억 원을 기부했다. 추신수는 "어려운 시기를 헤쳐나가려면 우리 모두가 힘을 합쳐야 한다"고 거듭 강조했다.

추신수는 텍사스 지역지 포트워스 스타 텔레그램과의 인터뷰를 통해 '사회적 거리두기'를 지키지 않는 미국인들의 무신경함을 비판하기도 했다. 추신수는 시범 경기 일정이 취소된 뒤 집에 머문 2주 동안 단 두 번만 외출했다. 그중 한 번은 식료품을 사기 위해서였다. 추신수는 거리를 가득 메운 사람들과 맞닥뜨렸다.

2일 오후까지 미국의 확진자 수는 21만 5,000명, 사망자는 5,100명을 넘어섰다. 확진자 수는 세계 최다. 추신수는 "미국의 코로나19 사태가 악화되는 이유는 사람들이 심각하게 생각하지 않기 때문이다. 마스크를 쓰지 않고 외출하고 대화한다. 아이들은 공원에서 놀고 있다"며 깊은 우려를 드러냈다.

추신수는 "우리도 3주째 집에만 있는 게 지겹다. 아이들조차 이제 학교에 가고 싶다고 한다"면서도 "한국 사람들은 남에게 피해를 주지 않기 위해 외출을 자제하고 있다. 우리 부모님도 한 달 동안 집에만 계셨다"면서 "코로나19를 극복하려면 사회적 활동을 최소화해야 한다. 쉽지 않은 일이다. 하지만 우리 모두가 일상으로 돌아가기 위해서다. 지금은 집에 머물러달라"고 거듭 당부했다.

16

'피겨퀸' 김연아, 코로나19에 선행 ing…
1억 850만 원 기부→챌린지 동참

스포츠조선 남재륜 기자 2020.04.23.

국가대표 피겨스케이팅 선수 출신 김연아가 코로나
19 극복을 위한 챌린지에 도전했다.

김연아는 23일 자신의 인스타그램에 "코로나19에
맞서 싸우며 위기 극복에 힘써주시는 의료진 여러분 감사합니다."라
며 "스켈레톤 윤성빈 선수, 골프 임성재 선수, 쇼트트랙 최민정 선수
따뜻한 마음을 전해주세요."라고 적으며 '덕분에' 챌린지에 동참했다.
이 챌린지는 코로나19 극복을 위해 숭고한 희생과 고통을 함께한 의
료진들을 응원하는 캠페인이다. 지난 4월 16일 방역 당국이 제안해
시작됐다.

이와 함께 공개된 사진에서 김연아는 아름다운 미소를 짓고 있다.
피겨퀸의 미모가 눈길을 끈다.

앞서 김연아는 지난 2월 팬들과 함께 코로나19 치료 활동에 사용해
달라며 기금 1억 850만 원을 유니세프 한국위원회에 기부했다.

17

바람, 수소, 태양…
"친환경 에너지 왜 중요한지 알게 됐죠"

한국일보 남상욱 기자 2019.03.05.

코오롱그룹 '에코 롱롱 큐브' 운영

"친환경 에너지 체험이라는 걸 처음 해봤는데, 너무 재미있고 공부도 많이 됐어요."

최근 서울 강서구 마곡산업단지 코오롱 One&Only 타워 안에 있는 '에코 롱롱 큐브'를 찾은 김민송(13) 양

최근 서울 강서구 마곡산업단지 코오롱 타워에 마련된 친환경 에너지 전시 체험 공간 '에코 롱롱 큐브'를 찾은 아이들 얼굴에 웃음꽃이 활짝 피어 있다 ⓒ 코오롱그룹 제공

이 활짝 웃었다. 친구들과 수다를 떨다가도 풍력 발전기 모형을 만들 때면 표정이 사뭇 진지해지더니 "신기하다", "재미있다"는 말을 연방 쏟아냈다. "앞으로는요, 전기나 물도 아껴 쓰고, 친환경 에너지에 관심을 많이 가져볼까 해요."

에코 롱롱 큐브는 2002년 설립된 코오롱 그룹의 비영리 재단법인 '꽃과어린왕자'가 2018년 5월부터 운영하고 있는 친환경 에너지 전시 체험 공간이다. 초등학교 고학년이나 중학생들이 친환경 에너지를 만드는 원리를 익히고 다양한 에너지원에 대해 공부해볼 수 있는 공간인데, 친환경 에너지를 체험할 수 있는 '전시 체험관'과 직접 만들어 보는 '창작랩'으로 구성돼 있다. 창작랩은 풍력 발전기를 만들어 보는 '바람에너지 에코', 수소자동차를 만드는 '수소자동차 롱롱', 태양 전지판을 통해 친환경 에너지 데이터를 전송하고 분석해볼 수 있는 '친환경 에너지 생산하기', 식물의 에너지 생산 과정을 이해한 뒤 코딩을 활용한 '친환경 에너지 스마트 가든 만들기' 등 다양한 프로그램으로 아이들로부터 인기 만점의 평가를 받는다고 코오롱 측은 설명했다. 개관한 지 1년이 안 됐지만, 이미 입소문을 타고 55개 학교, 기관에서 3,097명이 찾아올 만큼 호응이 좋다.

에코 롱롱 큐브 전시관은 재단이 2009년부터 하고 있는 '찾아가는 에너지 학교, 에코 롱롱'의 연장선상에 있는 사회 공헌 활동 중 하나다. 5톤 트럭을 개조해 교육 공간을 만들고, 친환경 에너지가 무엇인지, 어떤 원리로 에너지를 생산하는지, 친환경이 왜 중요한지 등을 알려주던 게 '찾아가는 에너지 학교'라면, '업그레이드'된 상설 공간을 만들어 한꺼번에 더 많은 아이들이 더욱 다양한 프로그램을 체험하고 공부할 수 있도록 한 게 에코 롱롱 큐브 전시관이다. '찾아가는 에너지 학교' 역시 지금까지 1,038개 학교에서 8만 8,925명 학생들이 다녀가면서 2013년부터 3년 연속 환경부로부터 우수 환경 교육 프로그램으로 선정되기도 했다.

코오롱그룹은 꽃과어린왕자 재단을 통해 어린이들 꿈을 응원하는 장학 캠프인 '코오롱 어린이 드림캠프'도 운영하고 있다. 어려운 환경에서도 모범적이며 학업 성적이 우수하고 꿈을 향한 열정을 갖고 있는 초등학교 6학년 학생을 전국에서 선발해 장학금을 전달하고 격려하는 행사다. 2004년부터 올해까지 411명 초등학생에게 장학금 18억 4,110만 원을 지원했다.

올해 역시 초등학교 6학년 학생 30명을 선발해 2월 12일부터 1박 2일로 경기도 용인 코오롱 인재개발센터에서 '제15회 코오롱 어린이 드림캠프'를 진행하고 13일 장학증서 수여식을 가졌다. 특히 이번 캠프에는 최근 많은 초등학생들 사이에서 선망 직업 1순위로 꼽히고 있는 유튜브 크리에이터인 유준호 씨가 초청돼 열정 넘치는 성공 스토리를 공유하며 학생들의 열띤 호응을 얻었다. 유 씨는 학생들의 호기심 가득한 다양한 질문들에도 재치 있게 답하며 꿈에 대한 열정과 의지를 응원했다. 코오롱 측은 "올해 선발된 아이들에게는 한해가 아닌 향후 3년간 분기별로 학업장려금, 중학교 입학준비금 등 한 학생당 총 510만 원을 지원하기로 했다"고 설명했다.

물론 단 한 번의 지원으로 끝나지 않는다. 재단 장학생으로 선발돼 지원을 받았던 학생 중 지속적인 노력으로 대학에 입학하게 된 학생들 중 우수 장학생을 뽑아 특별 장학금도 지급한다. 10회 캠프부터 도입된 이 장학금은 서창희 재단 이사장의 사재를 출연해 기금을 마련하고 있다.

코오롱은 그룹 차원에서 사회봉사 활동도 적극 펼치고 있다. 2012

년 'CSR 사무국'을 발족해 '꿈을 향한 디딤돌, 드림 파트너스'를 슬로건으로 내걸고 전 임직원이 참여하는 '코오롱 사회봉사단'을 창단한 것. 지난해만 해도 1만 명이 넘는 임직원이 전국 42개 지역아동센터를 찾아가 각종 봉사 활동에 참여했다. 이들은 매년 초 '드림팩 기부 캠페인'을 통해 방한용품과 학용품 등을 담은 드림팩을 제작, 전국에 있는 지역아동센터에 전달했다. 연말이면 '꿈을 향한 삼남길 트레킹'을 통해 임직원들이 장애인들과 삼남길(조선시대 한양과 지방을 연결했던 교통로를 복원해 조성한 일명 '경기 옛길')을 걷고 기부금을 내는 프로그램을 진행하는 것으로 매년 사회 공헌 활동의 마침표를 찍고 있다. 코오롱 관계자는 "작년에도 임직원과 가족 100명, 복지기관 장애인 100명이 참여해 참가자 한 명당 1㎞씩 걸을 때마다 봉사단이 5,000원씩 기금을 적립했다"고 밝혔다.

'스페이스K'도 코오롱이 꼽는 주요 사회 공헌 활동 중 하나다. 지역 주민과 다양한 문화예술을 공유하기 위해 마련한 행사로, 경기 과천시와 광주, 대구 등 전국에 걸쳐 전시와 각종 공연, 강연 등을 진행해 주민들의 호응을 얻고 있다. 또 신진 작가들을 발굴하고 지원하는 등 문화예술계 발전에도 기여하고 있다. 이밖에 다문화, 이주 가정 자녀가 한국에 잘 적응할 수 있도록 돕는 멘토링 사업 '무지개 디딤돌', 이주 가정 청소년이 한국에서 취업할 수 있도록 지원하는 '꿈을 잡(Job)아라' 등 다양한 사회 공헌 활동을 펼치고 있다.

18

온실가스 제로, 폐기물 재활용…
LG디스플레이, 건강한 지구 만들기 '앞장'

한국일보 곽주현 기자 2020.05.25.

최근 환경 문제에 대한 소비자들의 경각심이 높아지면서 전기, 전자제품 시장에도 친환경 바람이 불고 있다. 절전에 대한 인식이 단순한 전기 절약에서 벗어나 오염물질 배출 감소와 원재료, 생산, 유통, 소비 등을

LG디스플레이 파주 공장에는 태양광 설비를 설치해 친환경 에너지를 활용하고 있다 ⓒ LG 디스플레이 제공

포함한 전 과정에 걸쳐 포괄적으로 자리하면서다.

LG디스플레이는 글로벌 기업으로서의 책임을 다하고 건강한 지구를 만들기 위해 온실가스 감축, 에너지 효율 향상 등 다양한 활동에 참여하고 있다. 친환경 제품을 만들어내는 것 외에도 제조 공정에서 발생할 수 있는 환경 오염을 줄이고 폐기물을 재활용하는 것에도 애쓰고 있다. 또한 수질 오염을 최소화하는 등 다방면으로 지속 가능한

미래를 만들기 위해 노력 중이다.

이들의 중장기적인 목표는 공정 내 온실가스 배출을 '제로(Zero)'로 만드는 데 있다. 디스플레이 생산 과정에 '육불화황(SF6)'이나 '삼불화질소(NF3)' 등의 온실가스가 주로 사용되고 있지만, 최근 LG디스플레이는 이를 다른 가스로 대체하거나 저감 설비를 통해 최대한 줄이고 있다. LG디스플레이 관계자는 "SF6는 이산화탄소보다 온난화 효과가 2만 4,000배나 강력하다고 알려져 있을 정도로 환경에 유해한 가스"라며 "최근 이를 지구온난화지수가 더 낮은 가스로 대체하고, 불가피하게 SF6나 NF3 등을 사용해야 하는 공정에는 대대적인 감축 설비를 설치 중"이라고 설명했다.

이런 노력을 통해 LG디스플레이는 연 120만 톤 이상의 온실가스를 감축시키는 데 성공했다. 2022년까지 2019년 배출량 대비 온실가스를 10.5% 줄이려던 단기 목표는 이미 올해 현재 초과 달성했다.

공정 중 발생할 수 있는 다양한 대기 및 수질 오염을 방지하기 위한 노력도 기울이고 있다. 다양한 공정에서 사용되는 각기 다른 원부자재 특성을 고려해 '맞춤형 오염 물질 처리 시스템'을 구축했으며, 지역사회에 미치는 환경 영향을 최소화하기 위해 법적 기준의 70% 수준으로 엄격하게 자체 기준을 설정해 오염 정도를 관리하고 있다. 특히 모든 방지 시설에 별도의 예비용 설비를 추가로 설치해 만약의 상황에도 대비하고 있다. 시설이 고장 난 상황에서도 오염 물질이 배출되는 것을 막기 위해서다.

물이 많이 사용되는 디스플레이 공정 특성상, 효율적인 수자원 관리 방안도 강화했다. 생산 공정에서 이미 사용됐던 물을 용도에 맞게 다시 한 번 정수 처리해 사용하는 한편, 지방자치단체와 협약해 버려지는 생활 하수를 재이용해 공정에 사용하고 있다. LG디스플레이 관계자는 "지난해 우리 공정에서 용수 재이용률은 76%를 넘어섰다"며 "연간 물 사용량을 줄이면서 동시에 환경오염을 줄이려는 노력이다"고 말했다.

공정 후 폐기물은 분리수거, 제품은 '친환경'

제품을 만드는 과정에서 발생하는 폐기물은 환경을 위해 철저히 '분리수거'된다. 특히 LG디스플레이는 2015년 환경부와 한국환경공단의 '자원 순환성과 관리 시범 사업'에 동참했는데, 이 사업은 폐기물 보관 및 운반 방안을 개선하고, 폐기물을 품목별로 정확하게 분리 배출할 수 있도록 만들어 재활용을 극대화하는 방안을 개발하는 게 골자다.

TV 패널을 만드는 과정에서 나오는 폐유리가 대표적이다. 기존엔 유리에 부착된 필름 때문에 전체를 매립해 버릴 수밖에 없었지만, LG디스플레이가 필름 분리 기술을 개발함으로써 100% 재활용할 수 있게 됐다. 뿐만 아니라 LG디스플레이는 하수 처리 과정에서 생긴 침전물에 포함돼 있던 구리를 회수해내는 시스템도 개발했다. 아깝게 버려지던 자원을 다시 활용하고, 이를 유상 판매함으로써 비용 절감 효과까지 낼 수 있게 된 것이다.

친환경 공정이 끝난 뒤 생산되는 제품도 최대한 환경에 유해성이 없도록 제작하고 있다. LG디스플레이는 2017년 글로벌 검사·인증 기관 SGS와 공동으로 TV용 디스플레이 모듈의 친환경 인증 프로그램 '에코 라벨'을 개발했는데, 이는 디스플레이 업계에선 최초의 시도다. 회사는 이 프로그램을 통해 제품의 재활용률과 유해 물질 사용 여부, 개발 및 생산 과정에서의 유해 물질 관리 시스템에 대한 심사를 진행했고, 유기발광다이오드(OLED) TV 등 자사의 다수 모델이 SGS 에코 라벨 인증을 획득했다. 2018년에는 OLED 제품의 광효율 향상 기술이 동종 업계 최초로 녹색기술 인증을 획득하기도 했다. OLED 제품이 에너지 절약은 물론 환경 악영향을 최소화하는 친환경 기술임을 증명한 셈이다.

이와 같은 LG디스플레이의 '친환경 행보'는 국내 다른 대기업들과 비교해도 가장 우수한 수준이다. 실제 지난달 시상식이 진행된 국제 비영리 환경단체 '탄소정보공개프로젝트(CDP)'의 평가에서 LG디스플레이는 기후 변화 대응 부문 3년 연속 최우수 업체로, 물 경영 부문 2년 연속 우수 기업으로 선정됐다. CDP는 92개국 8,400여 개 상장사들을 대상으로 탄소 경영과 관련한 정보를 수집하는 글로벌 프로젝트로, 국내에선 2008년부터 매해 시가총액 상위 200개 업체를 대상으로 '기후 변화 대응' 평가를, 물 사용량 상위 50대 기업을 대상으로는 '물 경영' 평가를 진행하고 있다.

LG디스플레이 관계자는 "자사는 2012년부터 지속 가능 경영 보고서를 발간하고 있다"며 "앞으로도 환경에 미치는 영향을 최소화하고 친환경 제품 개발 및 생산을 위한 투자에 적극 나서는 등 건강한 지구를 만들기 위해 더욱 노력해나갈 것이다"고 강조했다.

19

더 꿈꿀 수 있도록 더 성장할 수 있도록 미래세대 키운다

조선일보 이예은 객원기자 2019.10.24.

삼성물산 주니어물산 아카데미

삼성물산은 다양한 환경에 놓인 미래 세대가 꿈과 끼를 마음껏 펼치며 건강하게 성장할 수 있도록 사회 공헌 활동을 펼치고 있다.

삼성물산 리조트 부문에서 후원하는 '희망의 소리' 합창단 아동들이 정기 공연을 하고 있다

특히 삼성물산은 삼성의 사회 공헌 비전 '함께 가요 미래로, Enabling People'에 발맞춰 청소년 교육을 사회 공헌 중점 분야로 선정해 활동하고 있다. 건설, 상사, 패션, 리조트에 걸친 폭넓은 사업 특성을 적극적으로 활용해 청소년들에게 직업 체험과 배움의 기회를 제공하고 4차 산업혁명 시대에 필요한 인재 육성에 기여하는 프로그램을 운영 중이다.

또한, 상대적으로 열악한 환경에 놓인 아동과 청소년들을 위한 교육 프로그램과 지원 사업을 실시하는 등 여러 방면에서 미래 세대의 성장을 위해 노력하고 있다.

'주니어물산아카데미' 능동적으로 참여하는 직업 체험의 장

삼성물산은 2017년부터 운영해온 대표 사회 공헌 프로그램 '주니어물산아카데미'를 확대 시행하고 있다.

주니어물산아카데미는 자유학기제에 참여 중인 중학생을 대상으로 하는 직업 체험, 진로 개발 프로그램이다. 삼성물산의 사업 아이템을 학습 소재로 활용, 다양한 직업에 대한 학생들의 흥미와 이해를 높이고 생생한 체험 학습을 돕기 위해 전문 연구진과 함께 개발했다.

현재까지 전국 농·산·어촌 15개 중학교 800여 명이 삼성물산 주니어물산아카데미 프로그램에 참여했다. 특히 올해는 대상 학교를 17개로 확대해 진행 중이다. 삼성물산 임직원 50여 명도 프로그램 과정에 함께 하며 건설, 무역, 디자인, 콘텐츠 기획 등 여러 방면에서 학생들의 창의성과 문제 해결 능력 향상에 도움을 주고 있다

지난 6월에는 부천 내동중학교에서 주니어물산아카데미 최종 미션인 '메이커 축제'를 열어 각 부문 임직원들이 학생들의 발표를 듣고 멘토링을 진행했다. 메이커 축제는 '미래 사회에 필요한 아이템'을 학생들이 스스로 기획하고 제작해 학교별로 전시, 발표하는 체험 학습 과

정이다. 삼성물산 이사회 산하 CSR 위원회 이현수 사외이사(서울대 건축학과 교수), 권재철 사외이사(수원대 고용서비스 대학원 석좌교수)도 행사에 참석해 학생들의 발표를 듣고 의견을 나눴다.

사업 부문별 특성 살려 다채로운 교육 경험의 기회 제공

'건설 부문'은 건설에 관심 있는 아동과 청소년을 사업장으로 초청하여 신개념 스마트 홈과 생활 및 건설 안전을 체험하는 교육을 2015년부터 시행하고 있다. 매년 교육 대상을 확대해 지난해에는 직업 체험 교육 사각지대에 있는 670여 명에게 골고루 기회가 제공될 수 있도록 했다. 임직원이 교육 봉사자로 참여해 재능을 나누며 학생들이 건축 분야의 꿈을 키워나갈 수 있도록 돕고 있다.

'상사 부문'은 다문화 가정 아동·청소년들과 임직원 가정이 함께하는 역사 교육 프로그램 '고투게더(Go(古) Together)' 사업을 2014년부터 운영하고 있다. 고투게더는 다문화 가정 학생들이 우리나라 역사에 대한 흥미를 가지고 리더십을 기를 수 있도록 구성된 역사 유적·문화 탐방 프로그램이다. 이와 더불어 한국펄벅재단과 함께 저소득 다문화 가정 아동 장학금 지원 사업도 2006년부터 이어오고 있다.

'패션 부문'은 시각장애 아동과 청소년에게 미술 교육 기회를 제공하고자 '하트포아트(Heart for Art)' 프로그램을 실시하고 있다. 시각장애인 전문 미술 교육 단체와 함께 프로그램을 개발해, 지난 4년간 약 140명에게 420여 회의 미술 수업을 제공했다. 하트포아트 프로그램 실시로 시각 장애 학생들을 위한 미술 교육의 필요성을 일깨우며, 맹인 학교에서는 미술 전문 교사를 새로 채용하는 등 우리 사회에서 의미 있는 변화를 일으키고 있다.

'리조트 부문'은 희귀, 난치성 질환 아동들을 위한 의료비, 재활비 지원 사업을 2004년부터 진행하고 있다. 특히, 질환 아동들로 구성된 '희망의 소리 합창단'을 지난 13년간 후원하며 아동들이 자신감을 갖고 성장할 수 있도록 돕고 있다. 또한, 에버랜드, 조경 사업 등 다양한 분야 직원들의 성장 스토리를 모은 인터뷰집 《드림 스페셜리스트 (Dream Specialist)》를 발간해 청소년 진로 개발의 길라잡이 역할을 하고 있다.

삼성물산은 다양한 교육 프로그램을 통해 미래세대가 한층 나은 환경에서 자신의 역량을 개발해 더 나은 삶을 살 수 있도록 도움을 주는 사업을 지속적으로 추진할 예정이다.

국민은행, 청소년 학습 진로 멘토링…
코딩 교육도

한국경제 송영찬 기자 2020.01.02.

다양한 사회공헌 활동

국민은행은 '세상을 바꾸는 금융'이란 슬로건 아래 다양한 사회공헌 활동을 펼치고 있다. 특히 미래의 주인공인 청소년 교육 사업에 아낌없는 지원을 하고 있다.

국민은행은 청소년 교육 관련 사업을 '청소년의 멘토 KB!'라는 대표 사회공헌 브랜드로 재단장했다. 청소년 대상 멘토링 사업이 주력이다. '학습멘토링'은 청소년의 생애 주기에 맞춘 성장 단계별 교육 지원 사업이다. 초등학생을 대상으로는 여름방학에 체험형 영어캠프를 연다. 중학생들에게는 대학생 봉사단을 연결해준다. 대학생 봉사단이 참여 중학생들을 방문해 주 2회 학습 멘토 역할을 수행한다.

학습 멘토링뿐 아니라 진로 멘토링도 하고 있다. 2018년 3월에는 외부 전문가와 중고등학교 진로진학교사협의회 교사로 구성된 7명의 진로 자문위원회를 출범해 전문성도 강화했다. 프로그램도 다양하다. 상하반기 각 주말에 학부모도 참여하는 '진로 콘서트' 형식의 강연형 멘토링을 하고, 50개 팀으로 대학과 연구소 등을 탐방하며 학과를 미리 체험할 수 있는 학과 체험형 멘토링 프로그램도 마련한다. 특히 강원, 충청, 영남, 호남 등 비수도권 지역 청소년들을 찾아가 청소년이 학교에서 접하기 어려운 새로운 진로와 전문 직업을 일일 체험하는 진로 캠프형 멘토링도 있다.

국민은행은 2017년부터 금융권 최초로 청소년을 대상으로 코딩 교육을 하고 있다. 도서 벽지 지역과 대안학교 등 정보 기술(IT) 교육을 받기 어려운 청소년을 대상으로 한다. 지난해에는 자유학기제 중학교를 대상으로 '찾아가는 코딩 교육'을 했다. 이 밖에도 1년에 3회 정도 초등학생 대상 '코딩 캠프'를 열고 소프트웨어 경진대회, 로봇 올림피아드 등을 함께 구성했다.

지역의 소외된 청소년을 지원하는 사업도 하고 있다. 전북 전주에는 학생들이 언제나 찾을 수 있는 '작은도서관'을 열었다. 2007년 시작된 지역아동센터 지원 사업은 계속되고 있다. 2016년부터는 지역아동센터 청소년에게 장학금도 지원하고 있다. 지난해까지 총 34억 원의 장학금이 2,000명이 넘는 청소년들에게 전달됐다.

21

故 신격호 명예회장과
기업가 정신

조선비즈 안상희 기자 2020.01.24.

신격호 롯데그룹 명예회장이 별세했다. 정주영(현대), 이병철(삼성), 구인회(LG), 최종현(SK), 김우중(대우) 등 창업 1세대 기업가들이 대부분 퇴장했다.

신 명예회장은 일제강점기에 단돈 83엔을 들고 일본에 건너가 껌 사업을 시작해 어렵게 성공했다. 기업보국의 마음으로 한국으로 돌아온 그는 유통, 관광, 석유화학 분야로 사업을 넓혀 재계 5위의 롯데 왕국을 완성시켰다. 별세를 계기로 재조명된 신 명예회장의 기업가 정신은 지금 갈 곳 잃은 한국 경제에 절실해 보인다.

롯데가 자산 115조 원에 달하는 그룹이 된 원동력은 신 명예회장의 남다른 상상력과 불도저 같은 추진력이었다. 신 명예회장은 관광산업이 전혀 개발되지 않았던 1973년 경부고속도로 건설비에 버금가는 금액을 투자해 롯데호텔을 지었다. 1984년 허허벌판이던 잠실에 실내 테마파크인 롯데월드사업을 추진했다. 2010년에는 아파트를 짓는 게 수익에 좋다는 의견을 물리치고 123층짜리 롯데월드타워를 지었다.

임원진은 엉뚱한 신 명예회장의 도전에 매번 사업성을 우려했지만, 그는 "우리나라는 기필코 관광 입국을 이뤄야 한다"며 사업을 밀어붙였다. 남들 눈에는 무모해 보이는 그의 모험은 모두 성공했다.

요즘에는 이런 기업가 정신을 찾아보기 어렵다. 기업과 기업인을 부정적으로 바라보는 '반기업 정서'가 과도하기 때문이다. 정부가 만든 각종 규제도 불확실성을 키우며 기업가 정신을 약화시키고 있다. 한국에서는 기업의 대표이사가 되는 순간 수백 가지 이유로 자칫하면 형사처벌 대상이 된다. 그래서 한국은 '기업하기 가장 어려운 나라'로 꼽힌다.

롯데도 최근 한일 경제 갈등 직후 '일본 기업' 꼬리표가 붙어 불매운동의 타깃이 됐다. 하지만 실상은 다르다. 신 명예회장은 일본에서 번 돈의 2.5배를 한국에 투자했다. 신 명예회장은 당초 철강 사업을 하고 싶었지만, 정부가 철강업을 국유화하기로 하면서 꿈을 접었다. 대신 그는 롯데가 후지 제철 도움으로 세운 제철소 사업 계획과 설계 도면을 정부에 흔쾌히 넘겼다.

신 명예회장의 빈소에는 고인이 1978년 정부로부터 받은 국민훈장 무궁화장이 놓여있었다. 그가 기업보국 이념을 한국에서 크게 실천한 것에 대한 훈장이었다. 신동빈 롯데그룹 회장은 영결식에서 "아버지는 타지에서 많은 고난과 역경을 겪고, 성공을 거뒀어도 고국을 더 기억하셨다"며 "우리나라를 많이 사랑하셨다"고 했다.

비록 신 명예회장이 말년에 불투명한 기업 승계와 지배 구조 문제로 지적을 받기도 했지만 그가 전설적인 기업인인 것은 분명하다. 그를 비롯한 창업 1세대 기업가들이 국가 경제 성장을 이끌 수 있었던 것은 지금보다는 훨씬 더 자유롭게 도전하고 역량을 펼칠 수 있는 환경이었기 때문이다. 정부는 후진적 규제들을 걷어내고 무에서 유를 창출하는 기업가 정신을 마음껏 발휘할 수 있는 경제 환경을 마련할 필요가 있다.

22

이마트24에 날아온
순직 소방관 아내의 편지

조선일보 안상현 기자 2020.03.31.

지난 1월 중순 서울 성동구 이마트24 본사에 한 통의 편지가 도착했다. 순직한 소방 공무원의 아내인 박 모(42) 씨가 이마트24 대표에게 쓴 4장짜리 자필 편지였다.

'제2의 삶을 살고 있는 세 아이의 엄마'라고 자신을 소개한 박 씨는 편지에서 "많은 분들이 소방 가족에 관심을 갖고 도와주셨기 때문에 아이들과 같이 살아갈 수 있는 희망이 생겼고, 이마트24라는 든든한 직장이 생겼습니다"라며 감사의 마음을 전했다.

박 씨가 경남 지역에서 운영 중인 편의점은 이마트24에서 임차료와 관리비를 지원하는 '소방 공무원 가족 점포'다. 공무 수행 중 순직하거나 부상을 입은 소방 공무원 가족들이 경제적 자립을 이룰 수 있도록 고안된 사회 공헌형 편의점 모델로, 지난 2017년 9월 대한소방공제회와 협약을 맺으며 마련했다. 대한소방공제회에서 운영 지원자를 추천하면 이마트24가 점포와 임차료, 관리비 등을 지원하는 방식이다.

박 씨는 본지와의 전화 통화에서 "2016년 구조대원이었던 남편이 갑작스레 세상을 떠나고 아이 셋과 덩그러니 남겨졌을 때는 슬픔에 잠겨 아무것도 할 수 없었다"고 말했다. 남편이 남겨두고 간 돈도 있었지만, 1년 만에 모두 동났고 초등학교 저학년 아이 둘과 학교도 입학하지 못한 아이 한 명을 키우기 위해선 손에 잡히는 일은 뭐든지 해야 했었다. 박 씨는 "3년간 장사며 식당일이며 가리지 않고 했지만, 아이 셋을 키워야 하다 보니 남 밑에서 계속 일하기 너무 어려웠다"며 "아이들 보험과 학원도 모두 취소하고, 최저 임금만도 못한 돈으로 오로지 먹고사는 데에만 집중했다"고 토로했다.

그러던 박 씨에게 작년 가을 제2의 삶을 알리는 한 통의 전화가 걸려왔다. 종종 연락해 안부를 묻던 소방청 직원은 "도움을 줄 수 있을 것 같다"는 말을 전했다. 그렇게 박 씨는 소방 공무원 가족 점포를 운영할 수 있게 됐다. 박 씨는 "편의점을 운영하게 된 뒤로 일찍 철이 들었던 아이들이 조금씩 아이다운 모습을 찾고 있다"며 "계속 살 수 있게끔 희망을 만들어준 분들께 너무 감사한 마음에 편지를 썼다"고 말했다.

박 씨는 편지에서 "다른 소방 유가족들에게도 새해에는 더더욱 좋은 기회가 만들어져 꼭 제2의 삶을 살아갈 수 있었으면 하는 바람을 가져봅니다"라고 적었다. 이마트24는 박 씨의 편지에 화답했다. 매년 3곳씩 지원해 열던 소방 공무원 가족 점포를 올해는 10곳까지 늘릴 예정이다. 이마트24 김경훈 CSR 팀장은 "신규 지점 5곳은 31일 서울, 부산, 대구 등지에서 문을 연다"며 "국민의 안전을 위해 노력하신 소방 공무원들께 감사의 마음을 전하고, 그 가족들이 경제적, 심리적 자립을 이룰 수 있도록 최선을 다할 계획"이라고 말했다.

23

"내 아들을 쏜 병사, 벌하지 마소" 이 사연 들은 구본무는

조선일보 신은진 기자 2020.05.21.

2주기 맞아 다시 조명되는 '세상이 몰랐던 구본무 이야기'

'국가와 사회를 위해 헌신한 소방관, 해양경찰, 경찰, 군인 등 제복 의인(義人)부터 얼굴도 모르는 이웃 위해 위험을 무릅쓴 크레인·굴착기 기사와 같은 우리 사회의 평범한 이웃까지'

구 회장이 뿌린 선행 씨앗, 싹트다

구본무 회장은 직원들과 똑같이 행사 로고가 새겨진 티셔츠를 입고 함께 어울렸다. 2002년 5월 구 회장(가운데)이 직원들과 대화를 나누는 모습 ⓒ LG 제공

고(故) 구본무 LG그룹 회장 2주기를 맞아 그가 생전에 남긴 발자취가 다시 주목받고 있다. 특히 "우리 이웃의 의로운 행동들이 더 많이 알려진다면 우리 사회가 좀 더 좋아질 것"이라는 구 회장의 바람은 어느덧 현실이

돼 각박한 사회 현실에 따뜻한 울림이 되고 있다.

구 회장은 기업인이기에 이전에 국가와 사회의 한 구성원으로서 우리 사회를 밝혀주는 아름다운 의인들에 대해 남다른 관심을 두고 있었다. 2013년 3월 바다에 뛰어든 시민을 구하려다 순직한 인천 강화경찰서 소속 고(故) 정옥성 경감 유가족 지원, 2014년 7월 세월호 사고 현장 수색 지원을 마치고 복귀하던 중 소방 헬기 추락 사고로 순직한 소방관 5명의 유가족 지원, 2015년 8월 파주 비무장지대(DMZ)에서 수색 작전 도중 북한군이 매설한 목함 지뢰가 터지면서 다리를 잃은 두 명의 병사에 대한 치료와 재활 지원 등이 대표적이다. 구 회장은 평소 "기업이 국가와 사회 정의를 위해 자신을 희생한 의인들에게 감사하고 보답에 나서면 사회적 관심이 그만큼 높아질 것"이라고 생각하며 의인들을 지원해왔다.

LG그룹 비영리재단인 LG 복지재단은 "국가와 사회 정의를 위해 희생한 의인에게 기업은 사회적 책임으로 보답해야 한다"는 구 회장의 뜻을 반영해 2015년 'LG 의인상'을 만들었다. 우리 사회의 귀감이 되는 의인들을 체계적이고 지속적으로 발굴하기 위해서다.

121명의 의인들, 또다시 기부하는 선행 선순환도

LG복지재단은 2015년 9월 교통사고를 당한 여성을 구하려다 신호위반 차량에 치여 안타깝게 유명을 달리한 고(故) 정연승 특전사 상사를 첫 번째 'LG 의인상' 수상자로 선정한 이래, 2016년 11월 강원도 삼척 초곡항 인근 교량 공사 현장에서 고립된 근로자들을 구조하던 중 파도에 휩쓸려 순직한 박권병 경장과 김형욱 경위, 2017년 2월 경북 군위군 주택 화재 현장에서 치솟는 불길 속으로 뛰어들어 할머니를 구해낸 외국인으로는 처음으로 의인상을 수상한 스리랑카 출신 근로자 니말 씨, 2018년 10월 제주도 제주시에서 손수레를 끌던 할머니를 돕는 선행을 베풀다 불의의 교통사고로 뇌사 상태에 빠진 뒤 7명에게 장기를 기증하고 세상을 떠난 고(故) 김선웅 군, 2019년 8월 경기도 안성시의 한 종이상자 제조 공장 화재 현장에서 한 명의 생존자라도 더 찾아 구하려다 순직한 고(故) 석원호 소방위 등 4년 넘게 121명의 의인들에게 의인상을 수여했다.

특히 LG 의인상 수상자 중 일부는 받은 상금을 어려운 이웃을 위해 기부하는 모습으로 선행의 선순환을 만들어가며 더 큰 감동을 주고 있다. 2016년 10월 태풍 '차바'로 인해 표류하고 있는 여객선 선원 6명을 구조해 의인상을 받은 여수 해경 대원들이 상금을 해경 유가족 자녀 학자금을 지원하는 '해성장학회'와 유니세프, 지역 사회복지관 등에 기부한 것을 시작으로 지금까지 29명이 상금을 더 어려운 이웃을 위해 사용했다.

총기 사고 사병 부모에게는 사재 출연

구 회장은 '의인상'을 받지 못하는 사람에게는 사재로 위로금을 전달하기도 했다. 2017년 9월 강원도 철원에서 발생한 총기 사고로 목숨을 잃은 사병의 아버지는 자식을 잃은 비통함 속에서도 "빗나간 탄환을 어느 병사가 쐈는지 밝히거나 처벌하는 것을 절대 원하지 않는다"라는 입장을 밝혔다. 이 소식을 접한 구 회장은 "자식을 잃은 큰 슬픔 속에서도 사격 훈련 중 빗나간 탄환을 쏜 병사가 지니게 될 심적 타격과 그 부모의 마음까지 헤아린 사려 깊은 뜻에 매우 감동받았다"며, 비록 국가와 사회 정의를 위해 자신을 희생한 의인들에게 수여하는 의인상 대상자는 아니지만, 불의의 사고로 목숨을 잃은 젊은 장병의 희생을 위로하고 자식을 잃은 비통함 속에서도 책임을 묻지 않겠다는 부모의 숭고한 뜻을 기리기 위해 사재를 출연했다.

구 회장이 세상을 떠난 뒤 알려진 사실들도 있다. LG복지재단이 구 회장의 뜻을 반영해 소록도병원에서 40여 년간 밤낮으로 한센병 환자들을 돌봤던 '소록도 할매 천사'인 오스트리아 간호사들 생활비를 매달 지원했다. 별세 직후 유족들이 "공익사업에 적극적으로 활용해 달라"는 구 회장의 유지에 따라 LG복지재단, LG연암문화재단, LG상록재단 등에 총 50억 원을 기부한 것도 2018년 말 재단 이사회 회의록 통해 공개되었다.

재계에서는 "구본무 회장처럼 노블리스 오블리주를 실천하는 대기업 총수들이 많아진다면 국민들이 재벌을 바라보는 시선도 좀 더 긍정적이고 따뜻해질 것"이라고 말했다.

"LG인이라는 것을 자랑스럽게 만들어줘 감사하다"… 임직원 추모 댓글 봇물

한편, LG는 구본무 회장의 별세 2주기인 5월 20일 회사 차원의 별도 행사를 진행하지 않고, 고인의 경영 활동이 담긴 영상물을 사내 인트라넷에 올렸다. 수백 명의 LG 임직원들은 추모글을 올렸다. 이들은 "외환 위기의 어려운 시기에도, 학자금을 줄이지 않고 모두 지원하셨던 회장님을, 저희 아버지는 늘 진심으로 고마워하셨습니다. 그렇게 학자금 지원을 받은 저는 지금 LG에서 일하고 있습니다. 늘 강조하신 고객 가치, 내부 직원들에게도 아끼지 않으셨던 마음. 늘 기억하겠습니다", "큰아이가 아빠 다니는 회사는 어떤 회사냐고 물을 때 회장님 덕분에 정말 자랑스럽게 설명할 수 있었습니다. 한국 기업인의 본으로 오랫동안 회자되리라 믿습니다. 존경하고 자랑스럽습니다", "제가 가족들과 함께 화담숲에 갔었을 때 따뜻하게 인사해 주시고, 저희 가족 사진도 찍어주셨던 것 평생 잊을 수 없는 감사한 추억입니다", "신입사원 때, 제 어깨를 두드리시면서 수고했다고 말씀해 주셨던 기억이 납니다. 소탈하신 모습으로 살아오신 것을 기억하며 추모의 글을 적어봅니다" 등 각자의 추억을 소개하며 추모했다. 또 많은 직원들이 "우리 회사를 더 사랑하게 해주신 회장님, 그 정신과 마음이 계속 이어지면 좋겠습니다", "LG인이라는 것이 자랑스럽도록 만들어주신 회장님에게 감사합니다. 항상 존경합니다."라고 썼다.

24

LG이노텍 노조,
'보훈 가족 사랑나눔' 9년째 이어가

조선비즈 윤민혁 기자 2020.06.05.

LG이노텍 노조는 전국 4개 사업장에서 '보훈 가족 사랑나눔' 행사를 실시한다고 5일 밝혔다. 행사는 지난 5월 19일 시작해, 이달 18일까지 구미, 파주, 평택, 광주광역시에서 차례로 진행된다.

ⓒ LG이노텍 제공

보훈가족 사랑나눔 행사는 국가 유공자들의 뜻을 기리고 가정형편이 어려운 보훈가족을 돕기 위한 활동이다. LG이노텍 노조는 2012년부터 9년간 5,000여 보훈 가구를 대상으로 집수리, 친환경 조명 교체, 문화체험 활동, 농촌 일손 돕기 등을 진행해왔다.

올해 행사에선 각 지방보훈청과 협력해 저소득층 보훈가족 180가구에 가전, 식품, 생활용품 등을 지원한다. 파주 사업장 노조는 6·25 전쟁 70주년을 맞아 지역 6·25 참전 유공자 284명에게 건강식품 세트를 전달한다. 김동의 LG이노텍 노조위원장은 "호국장병들의 희생이 있었기에 오늘날의 대한민국이 있음을 항상 잊지 않고 있다"며 "존경과 감사의 마음으로 국가 유공자 예우 및 보훈가족 지원에 최선의 노력을 다하겠다"고 말했다.

한편 LG이노텍 노조는 2012년 국내 소재·부품 업계 최초로 '노조의 사회적 책임 이행'을 선포하고, 윤리, 노동·인권, 환경, 사회 공헌 등 다양한 사회 이슈 해결에 나서고 있다.

25

최태원 SK 회장,
서린빌딩 관리 협력사 직원들에 깜짝 선물

조선비즈 안재만 기자 2020.07.04.

최태원 SK그룹 회장이 서울 종로구 서린빌딩 건물 관리 직원 300여 명에게 최근 마스크와 홍삼 등 선물과 감사 카드를 전달했다.

4일 SK그룹에 따르면 지난달 30일 SK그룹 인트라넷에는 한 직원이 "최 회장이 서울 종로구 SK서린빌딩 내 위생, 안전 및 출입 관리 등을 담당하는 협력 업체 직원들에게 깜짝 선물을 해줬다"는 글을 올렸다. 이 직원은 "화장실에서 여사님이 조용히 다가오시더니 회장님 선물 너무 고맙다고, 이런 건 처음 받아본다고 하시네요. 회장님이 서린빌딩 여사님들이랑 보안 직원분들에게 코로나로 고생 많으시다고 감사 선물 하셨답니다. 감동입니다!"라고 적었다. 댓글에도 "어린이집 선생님과 조리사분들도 선물을 받으셨다. 코로나로 인해 긴장하며 아이들 돌보시는 분들이라 늘 죄송했는데 회장님이 대신 챙겨 주시니 감사하다"는 글이 올라왔다.

최 회장의 감사 카드에는 "최선을 다해 주시는 여러분께 감사의 마음을 전한다. 다시 마스크를 벗고 건강한 모습으로 하이파이브할 날을 기다리겠다"는 내용이 들어 있는 것으로 알려졌다.

최 회장은 지난 2월에는 코로나로 주변 상권이 어려워지자 을지로 종로 일대 작은 음식점들을 돌며 직원들과 회식을 진행했다. 최근에는 최 회장이 직접 출연하는 유튜브 형식의 사내 방송도 등장했다. 서브이천포럼을 홍보하기 위해 만들어진 편당 1~2분 정도의 영상 클립에 '최태원 클라쓰'라 이름 붙이고 최태원 회장이 몸으로 'SV 어카운트'를 설명한다든가, 구성원들 회의에 깜짝 방문해 함께 아이디어를 낸다든가 하는 내용이 담겼다.

청소년 생활 지침

사랑하는 청소년 여러분! 다음의 **청소년 생활 지침**을 권장합니다. 이를 잘 실천하면 긍정적인 마인드와 미래 지향적인 가치관을 갖게 되고 용기와 자신감이 생길 것입니다. 이럴 경우 두뇌가 마음을 받아들이고 이 마음을 실행시킨다는 전문가의 의견이 있습니다.

우리 실버세대는 여러분을 잘 이해하고 있으며 여러분과 나라를 위하는 일념에서 이 일을 하고 있습니다.

1. 결손가정, 소년소녀가정, 다문화가정처럼 어렵고 외로운 친구들, 어쩌다 잠시 일탈한 친구들을 외면하거나 왕따시키지 말고 먼저 다가가 따뜻한 마음을 베풀어야 되겠지요?
   그 친구들은 여러분의 **따뜻한 마음**으로 용기를 얻어 열심히 살아갈 것이며, 여러분의 선행은 세상을 밝히는 **동행, 상생**입니다.

2. 어쩌다 일탈한 친구는 주위의 친구가 다가와 따뜻한 마음을 베풀 때 고마운 마음으로 받아들여 속히 **본연의 자세**로 돌아가야 되겠지요?
   이 길이 여러분 인생의 올바른 길이며 주위에서 찬사와 격려를 보낼 것입니다.

3. 역사책, 역사 관련 서적, 위인전을 읽으면 폭넓은 **사고력과 이해력, 통찰력 및 창의력**을 갖게 됩니다.

4. 호신술이나 운동 한 가지쯤 익혀 두는 것은 집중력, 자신감과 침착성, 도덕성 및 정의감 등 **정신력 강화**에 도움이 됩니다.

5. 글로벌 시대, 4차 산업혁명 시대가 가속화되고 있으므로 영어 하나만이라도 능통하게, 또 몇 개국의 역사, 문화 등을 익혀 두기 바랍니다. 불시에 **절실하게 필요한 경우**가 생길 것입니다.

6. 어려운 일이나 고민이 있을 경우 학교 스승님께 털어놓고 상담하면 **제자를 도와주시려고 최선을 다하실 것입니다.**

7. "악한 일, 억울함을 당하고도 참고 선(善)을 행하면 그 대가는 하늘이 줄 것이네"라는 속담이 있습니다. 악(惡)이 여러분을 유혹하더라도 이를 악물고 처음에 한두 번만 뿌리치면 다음부터는 결코 **악의 유혹에 넘어가지 않을 것입니다.**

8. 이러한 품격을 갖추고 국가와 사회에는 물론, 국제 사회에까지 기여할 수 있는 **글로벌 인재**로 성장하여 장차 우리 조국의 위상을 드높이도록 노력해야 되겠습니다.

2장

한계를 극복한
인간승리의 주인공들

온갖 장애와 한계를 극복하고 각고의 노력과 불굴의 도전 정신으로 새로운 가치와 자신의 목표를 향해 나아가거나 달성한 실제 사례들을 실었습니다. 여러분은 여기에서 여러 가지 지식과 지혜, 희망과 용기를 얻을 수 있습니다.
인생이 결코 단거리 경기는 아닙니다. 인간의 인내와 끈기의 위대성을 보여 주는 마라톤과 같습니다.

1

학교에선 늘 꼴등이었지만
'생각하는 방식'이 달랐다

한국경제 공병호(공병호연구소 소장) 2018.11.01.

공병호의 파워 독서
가구 팔아 5조 원 매출 올린 일본 니토리홀딩스 창업주

美서 가구 싸게 파는 것 보고 충격
'日에 저렴한 가구 보급하겠다' 다짐

30년에 걸쳐 달성할 목표 세우고
30년 10년 5년 1년 1주 단위로 세분화
전 임직원이 실천에 옮기는 중

가구를 팔아서 5조 원의 매출을 올릴 수 있다는 것만으로도 놀랍다. 《거북이 CEO》(OCEO)는 일본을 대표하는 가구 회사 니토리홀딩스의 니토리 아키오 창업주가 쓴 기업 경영 자서전이다.

학습 열등아로 출발해 정상의 자리에 이른 그의 입지전적인 이야기에는 저자 특유의 인생 경로와 기업 경영 방식이 풍성하게 담겨 있다. 어떻게 하면 성공적인 인생을 만들 수 있을까를 고민하는 사람이라면 읽어볼 만한 책이다.

세상일이 학교 성적으로 결정됐다면 그는 도저히 성공할 수 없는 사람이었다. 학교생활과 성적에서 그는 열등한 수준에서도 뒤쪽 그룹에 속했던 인물이기 때문이다. 그는 대학을 들어갈 수 없을 정도로 학습 지진아였다. 하지만 그는 '생각하는 방식'이 달랐다. 그것이 그의 인생을 구했다. 일이 잘 안 풀릴 때 세상을 원망하는 소리부터 높아지는 이 시대에 우리에게 가르쳐 주는 교훈이 크다.

저자는 27세가 되던 해에 대단한 경험을 하게 된다. 미국 가구 업계를 둘러보면서 성공의 진리에 대해 깨우친 것이다. 미국 시찰 이전까지만 하더라도 머리를 꽉 채운 생각은 조금 벌어서 내 식구들만 먹고 살면 된다는 것이었다. 미국에서 그가 받은 충격은 가구 가격이 너무 싸다는 것이었다.

그는 일본인들도 미국인처럼 저렴한 가구를 소비할 수 있도록 자신이 도울 수 있어야 한다고 생각했다. 니토리 회장은 "미국에서 받은 충격과 감동이 내 인생관 자체를 바꾼 것"이라며 "거기서부터 내 삶의 방식이 바뀌었고 니토리의 진격이 시작됐다"고 서술한다.

그의 생각은 어떻게 변했을까. 그가 말하는 큰 뜻이란 무엇을 말하는 것일까. 이에 대해 그는 "사람을 위해, 세상을 위해, 자신의 인생을 걸고 공헌하고자 하는 마음가짐을 뜻한다"고 강조한다. 희생과 헌신이란 단어가 점점 흐릿해지는 시대에 다소 시대 변화와 동떨어진 주장처럼 보일 수 있다. 하지만 세월은 값어치가 있는 것일수록 희생과 헌신 없이 얻을 수 있는 것은 없다는 것을 가르쳐 준다. 그는 이런 큰 뜻을 세운 다음 당시 일본 체인 스토어 이론의 1인자로서 스승 노릇을 하고 있던 컨설턴트 아쓰미 이치로부터 철저한 지도를 받는다.

저자는 자신이 성공한 요인을 다섯 가지로 압축해 보여준다. 큰 뜻, 비전, 의지, 집념 그리고 호기심이다. 저자는 이를 자신의 인생 경영에서뿐만 아니라 기업 경영에서 철저하게 실천에 옮긴다.

저자는 이를 위해 30년에 걸쳐 달성할 수 있는 야심적인 목표를 세운 다음에 역순으로 시간을 단축해 가는 방식을 사용했다. '워크 디자인'이라 부르는 효과적인 방법이다. 목표를 30년, 10년, 5년, 1년, 1주일 단위로 세분화해 전 임직원이 실천에 옮기고 있다.

주식으로 지급된 보너스로 임직원들을 부자가 되게 한 것도 그의 공헌이다. 직원들의 평가 시스템부터 시작해서 사람을 조련하는 방법, 출점과 점포 관리 등에 이르기까지 실용 지식과 사례가 풍성한 책이다.

※ 참고문헌: 《거북이 CEO》, 니토리 아키오 / 오씨이오 / 2017년

2

성적이 조금 부족했던 안 군은
어떻게 하버드에 합격했을까

조선일보 김형석 연세대 명예교수 2019.11.09.

미국 버지니아주에 사는 한국 가정이 있다. 그 집 아들 E 군은 성적이 우수한 모범생이었다. 흠잡을 데 없을 정도로 잘 자랐다. 고교를 졸업하면서 미국 동북부에 있는 하버드대, 예일대 등에 입학원서를 제출했다. 그런데 네 대학 모두 그를 받아주지 않았다. 할 수 없이 버지니아주립대로 갔다.

또 한 학생은 프로비던스에 사는 내 제자 안 교수의 아들이다. 학교 성적은 E 군만은 못 하지만 정구 선수로 친구들을 가르칠 정도였다. 미술에도 조예가 깊었다. 고교 때 학생회장이었고 독서를 즐기는 모범생이었다. 교회에 다니면서 봉사활동에도 참여했다. 안 군은 세 대학에서 입학이 허락되었는데 하버드대를 선택했다.

누군가가 하버드대에 "왜 성적이 더 우수한 E 군보다 안 군을 택했느냐"고 묻는다면 어떤 설명을 했을까. 아마도 이렇게 답할 것이다.
"고등학생이 지금 어느 정도 지식을 갖고 있는가는 중요하지 않다.

우리 대학이 원하는 학생은 장차 사회의 지도자가 될 유능한 인물이다. 성적은 A급이면 충분하고, 어느 정도 예술성을 갖추었는가도 중요하다. 사회에 적응할 수 있는 리더십의 유무도 살펴야 한다. 건강도 필수조건이지만 봉사정신도 있어야 한다. 성적은 그 여럿 중 하나일 뿐이다."

요사이 우리는 대통령까지 앞장서 대학 입시의 공정성을 걱정한다. 무엇을 위한 공정성인가 물어야 한다. 수능시험의 석차도 중하다. 그러나 기억력 위주의 수능시험이기 때문에 대학생활의 필수조건인 이해력과 사고력을 측정하기는 어렵다. 학문적 성공을 위해서는 주어진 목표를 성취할 창의력이 앞서야 한다. 입시 성적으로는 창의력을 측정하기 어렵다. 그래서 수능시험에서 A급이던 학생이 졸업 때는 C급으로 떨어지고, C급이던 학생이 A급으로 올라가는 경우도 많다. 인간 평가의 공정성은 현재의 지식 평가로 끝나지 않는다.

더 큰 문제는 백년대계의 대학 교육을 대통령이 직접 지시하고 한 달 후에 교육부 장관이 정책을 발표하는 선진국은 어디에도 없다는 점이다. 교육은 교육 전문가에게 맡겨야 한다. 대학은 무엇보다도 자율성이 필요하다. 영국의 옥스퍼드나 케임브리지 대학은 어떤 정권보다 국가적 공헌이 앞섰다. 정신적 지도력과 인재를 산출했기 때문이다. 물론 일부 자질이 부족한 교육자와 학부모가 반(反)교육적 욕심으로 아들딸을 '양심의 전과자'로 만드는 우를 범했다. 교육의 정도를 권력층이 악용하는 불행한 사례가 있었다. 그런 사회악은 제재해야 한다.

그러나 '구더기 무서워 장을 못 담근다'면 식생활 전체가 버림받는다. 선으로 악을 극복하는 역사의 과정은 정권 5년으로 해결되지 않는다. 공정한 사회는 정의를 위하는 의무와 희망에 국민 전체가 동참해야 가능하다. 정권이 아닌 학생들의 인격과 국가의 장래를 위한 교육계 전체의 협력에서 이루어진다.

교육은 정부의 행정에 맞추는 것이 아니다. 장차 국가를 이끌어 갈 지도자를 육성하는 것이다.

3

어머니와 월세방살이, 단돈 500만 원 창업해 연 매출 50억 만든 아이템

조선일보 김승재 기자 2019.10.01.

기업가 정신으로 무장한 젊은 세대가 스타트업 창업에 뛰어들며 한국 경제에 새바람을 일으키고 있습니다. 스타트업 성장을 돕기 위해 스타트업 CEO 인터뷰 시리즈 '스타트업 취중잡담'을 게재합니다. 솔직한 속내를 들을 수 있게 취중 진담 형식으로 인터뷰했습니다. 그들의 성장기와 고민을 통해 한국 경제 미래를 함께 탐색해 보시죠.

학력, 지식, 자본, 인맥… 어느 것 하나 갖추지 못한 채 창업에 성공하는 사람도 있다. 저소득 편모 가정 출신으로 단돈 500만 원으로 창업에 성공한 고졸 창업가 '폭스밸리'의 홍종국 대표를 만났다. 톡톡 튀는 건강, 미용 상품으로 인스타그램 등 소셜미디어에서 크게 주목받고 있다.

등록금 없어 대학 중퇴, 아르바이트 전전

어머니와 단둘이 월세방에서 자랐다. 어렵게 대학에 진학했지만 등록금을 감당할 수 없어 중퇴했다. 제대로 된 취업을 하지 못했다. 먹고 살기 위해 여러 일을 전전했다.

홍종국 폭스밸리 대표 ⓒ 큐텐츠컴퍼니

"의료 기기 회사, 보험회사, 카드회사에서 영업 아르바이트를 했구요, 콘도회원권 파는 일도 했습니다. 아파트 모델하우스에서 손님들이 벗은 신발을 정리하는 아르바이트도 한 적 있습니다. 해본 일이 10가지가 넘네요."

쉬지 않고 일했지만 가난의 굴레에서 벗어나지 못했다. 편안한 삶은 다른 세상 얘기 같았다. '난 왜 아무것도 할 수 없나. 가난한 집안에서 태어난 게 그토록 큰 죄인가.' 우울한 생각만 들었다.

"결국 스스로 목숨을 끊겠다 시도했어요. 다행히 뜻을 이루진 못했어요. 선택에 실패하고 정신을 차리고 보니 문득 억울하단 생각이 들더군요. 더 물러설 곳도 없다. 망해도 좋다. 내 일을 한 번 해보자. 결심했습니다."

500만 원으로 창업

주변에 도움 줄 만한 사람은 없었다. 관련 책을 읽으며 하나하나 배워 나갔다. 처음 치아 미백제로 도전했다. 어렵사리 모은 500만 원이 자금의 전부였다. 아이템을 들고 전국 각지로 화장품 공장을 찾아다닌 끝에 충북 음성에서 생산해주겠다는 공장을 한 곳 찾아냈다.

"겨우 500만 원어치 제작해 주겠다는 곳이 없었어요. 비가 쏟아지던 날 이제 '마지막이다' 심정으로 찾아낸 곳이었습니다. 냅다 공장장 앞에서 무릎 꿇었습니다. 거절할 거라 생각하고 눈을 질끈 감고 애걸했죠. 사실 반포기 상태였습니다. 그런데 공장장이 빙그레 웃으며 승낙하시는 거에요. 도전 정신이 보기 좋다면서 응원도 해주시겠다더군요. 그렇게 첫 주문을 넣었습니다."

어렵게 출시한 치아 미백제로 창업 첫해 1,000만 원의 매출을 올렸다. 번 돈은 모두 다른 제품 개발에 썼다. 4D 회전칫솔, 구강 세정기 등으로 제품 라인업을 늘려나갔다.

제품을 팔기 위해서라면 어떤 일도 마다하지 않았다.

"더는 물러설 곳이 없이 시작한 일이잖아요. 대기업을 찾아가 담당자 만나려고 무작정 기다리는 건 부지기수였어요. 제품을 싸들고 길거리에서 홍보하는 것도 주저하지 않았어요. 그렇게 노력하니 조금씩 성과가 나타났습니다."

바른자세밴드 성공으로 매출 50억 원

회사 성장에 날개를 달아준 제품이 '바른자세밴드'다. 조끼처럼 생긴 밴드를 착용하면 구부정한 상체가 바르게 펴지는 효과가 있다. 홍종국 대표는 "앉아서 생활하는 학생이나 직장인들은 상체가 앞으로 굽어 있는 경우가 많다"며 "바른자세밴드는 상체를 뒤로 젖혀줘 곧은 자세를 유지할 수 있게 해준다"고 했다.

홈트레이닝족(族)을 겨냥했다.

"따로 시간 내기 어려워 집에서 운동하는 사람이 늘고 있습니다. 집에서 간편하게 자세를 교정할 수 있는 제품이 있으면 좋겠다는 생각이 들어 개발했습니다."

군이 운동을 하면서 자세를 교정하지 않아도 된다. 가벼운 운동을 하면서 착용해 자세를 교정할 수 있는 메쉬형 외에 운전, 공부, 업무, 가사 등 일상생활을 하면서 자세를 교정할 수 있는 일반형도 있다.

체형에 맞게 끈과 밴드 길이를 조절할 수 있는 게 강점이다. 홍 대표는 "어깨끈을 조절할 수 있는 클립이 있어 당김 강도를 쉽게 조절할 수 있다"며 "허리 받침대는 항공기 날개에 사용되는 알루미늄 소재로 만들어 고정력이 강하면서 가볍다"고 했다.

소셜미디어에서 간편함과 가성비로 주목받으면서, 온라인몰 등을 통해 출시 2년 만에 판매량 30만 개를 넘어섰다.

자세교정밴드에 힘입어 폭스밸리는 지난해 연 매출 20억 원을 돌파했다. 직원은 10명을 넘어섰다. 자세교정밴드 판매가 계속 늘면서 올해는 매출 50억 원이 예상된다.

고졸 학력 부끄럽지 않다, 매년 수천만 원 기부

홍 대표가 경영에서 가장 중요하게 여기는 것은 조직 관리다.
"어린 시절 제대로 된 가족을 갖지 못했잖아요. 저에겐 회사 직원들이 형제자매입니다."

직원들 커피값으로만 매달 수백만 원이 든다.

"회사 인근 카페와 계약을 맺어 직원들이 언제든 커피를 마음껏 마실 수 있게 했어요. 매달 카페에서 청구서 날아올 때마다 부담은 되지만, 직원들 고생해서 벌어온 돈 쓰는 거라 아깝지 않습니다."

월급 주는 것도 힘들었던 창업 초기 생각하면 격세지감이다.

"월급날 다가오면 현금 마련하려고 길거리 제품 팔러 다녔어요. 그렇게 한 달 한 달 버티다 보니 여기까지 왔네요."

홍 대표는 "고졸 학력이 부끄럽지 않고 훈장 같다"고 했다.

"고졸이라고 주눅드는 건 없어요. 대학은 전공이란 틀 안에서 가르치는 거잖아요. 스타트업은 성공하려면 틀 안에 있으면 안 돼요. 직원들과 함께 새로운 영역을 개척하면서 당당하게 성공하고 싶어요."

소외 이웃들에게 도움이 되고 싶다. 경기 성남시의 한 장애인 단체에 매년 수천만 원씩 기부하고 있다. 지난해에는 5,000만 원을 냈다.

"제가 편모 가정에서 어렵게 자라서 그런지 어려운 처지에 있는 이웃을 보면 무척 돕고 싶어요. 더 많이 나누기 위해서라도 더 크게 성공하겠습니다."

두 다리 의족 9살 영국 소녀,
파리 패션위크서 '모델 워킹'

연합뉴스 김서영 기자 2019.09.28.

아버지 "장애가 어떤 것도 막지 못한다는 것 증명"

두 다리 대신 의족을 단 9살 영국 소녀가 세계 패션계의 주요 인물들이 모인 파리 패션위크에서 당당하게 런웨이에 올랐다.

파리 패션위크에서 워킹 선보인 모델 데이지 메이 드미트리

AFP통신은 영국 버밍엄에서 온 소녀 데이지 메이 드미트리가 27일(현지 시간) 파리 에펠탑 앞에서 열린 프리미엄 아동복 패션쇼에서 모델 워킹을 선보였다고 보도했다.

드미트리는 종아리뼈가 없는 '비골 무형성증'을 갖고 태어났고, 생후 18개월에 두 다리를 절단하는 수술을 받았다. 의족을 단 이후에야 걷는 법을 배웠다.

105

드미트리의 모델 경력은 이번이 처음은 아니다.

앞서 미국 뉴욕과 영국 런던 패션위크에서도 아동복 브랜드 '룰루에 지지'(Lulu et Gigi)의 아동복 모델로 무대에 올랐다.

드미트리의 아빠 알렉스는 딸이 큰 주목을 받게 된 것은 놀랄 일이 아니라면서 "데이지는 장애가 어떤 것도 막지 못한다는 것을 증명한 아주 어린 소녀이자, 꿈을 향해 도전하는 모든 이들의 훌륭한 롤모델"이라고 말했다.

그는 "데이지의 머릿속에 있는 어떤 목표든, 하겠다고 선택한 어느 것이든 이룰 수 있다고 생각한다"며 "그것은 부모로서 느낄 수 있는 최고의 감정"이라고 덧붙였다.

알렉스는 "데이지가 태어나던 날에는 어떤 희망도 찾을 수 없을 것 같았지만, 이젠 무엇이든 가능하다. 그건 정말 놀라운 일"이라며 기쁨을 드러냈다.

이날 드미트리는 모델로 무대에 서는 일이 "나를 더 예쁘고 특별한 사람으로 느껴지게 만든다"는 소감을 밝히기도 했다.

15세 소녀는 다친 아버지 자전거에 태우고 1,200km를 달렸다

조선일보 김동하 기자 2020.05.25.

인도 소녀, 필사의 '코로나 귀향'

아버지 실직하자 남은 돈 털어 자전거 구입

가진 건 물 한 병뿐…일주일 달려 고향 도착

이방카 "인내와 사랑의 아름다운 업적" 찬사

인도 사이클연맹 "연습생 입단 테스트 원해"

인도의 15세 소녀가 코로나 사태로 대중교통이 끊긴 상황에서 다리를 다친 아버지를 자전거에 태우고 1,200㎞ 떨어진 고향으로 돌아왔다. 도널드 트럼프 미국 대통령의 딸 이방카 트럼프는 "인내와 사랑의 아름다운 업적"이라고 칭찬했고, 인도 사이클연

이방카 트럼프가 "인내와 사랑의 아름다운 업적"이라고 15세 소녀를 칭찬했다. ⓒ 이방카 트럼프 트위터

맹은 "입단 테스트를 받아보자"며 관심을 표명했다.

25일 AP통신 등에 따르면 수도 뉴델리 외곽 구르가온에 살던 조티 쿠마리(15)는 서민 교통수단인 오토릭샤(삼륜 택시)를 몰던 아버지가 코로나 여파로 실직하자 어머니가 있는 비하르주 다르방가로 귀향을 결심했다. 쿠마리는 "다른 선택의 여지가 없었다. 집세를 못 내니 집주인이 나가라고 했다"며 "그대로 있었으면 아버지와 나는 굶어 죽었을 것"이라고 말했다.

쿠마리의 아버지는 교통사고로 왼쪽 다리를 쓸 수 없는 상태였다. 게다가 인도 정부가 코로나 확산 차단을 위해 지난 3월 말 국가 봉쇄령을 발령하면서 대중교통까지 끊긴 상황이었다. 귀향을 원하는 이주 노동자를 위한 특별 열차가 있었지만, 쿠마리는 열차표도 구하기 힘들었다.

쿠마리는 수중에 있는 돈 2,000루피(3만 3,000원)를 털어 중고 자전거를 샀다. 지난 10일 아버지를 뒤에 태우고 고향으로 출발했다. 가진 것은 물 한 병뿐이었다. 일주일간 자전거로 귀향하면서 단 한 차례만 트럭을 얻어탈 수 있었고, 낯선 사람들에게 물과 음식을 얻어먹었다. 쿠마리는 빌린 휴대폰으로 어머니에게 전화를 걸어 "걱정하지마, 아빠를 집으로 데려갈게"라며 안심시키기도 했다. 마침내 쿠마리와 아버지는 일주일의 여정 끝에 16일 고향에 도착할 수 있었다.

쿠마리는 "힘든 여정이었다"며 "내 목표는 단 한 가지, 집으로 돌아오는 것이었다"고 AP통신과 인터뷰에서 말했다. 쿠마리의 아버지 모한 파스완은 "고향에 정말 돌아올 수 있을 줄 몰랐다"며 "내 딸은 절대 포기하지 않았다. 용기가 있는 딸이 자랑스럽다"고 했다.

쿠마리의 '인간 승리'는 국제적으로 주목을 받았다. 이방카 트럼프는 지난 22일 트위터에 "인내와 사랑의 아름다운 업적은 인도 사람들과 사이클연맹을 사로잡았다"며 쿠마리 관련 기사를 올렸다.

인도 사이클연맹은 "쿠마리는 (사이클 선수를 할) 힘과 체력을 가지고 있을 것"이라며 국립 사이클 아카데미 연습생 입단 테스트를 하고 싶다고 나섰다. 다르방가 지방 정부는 쿠마리를 현지 학교 9학년에 입학시키고 새로운 자전거와 교복, 신발을 선물했다.

6

"한국 자랑스럽게 만들었다"
해외에서 극찬받은 한국인

조선일보 글 jobsN 이승아 2019.11.13.

한국보다 해외에서 더 유명한 댄서 '이인영'
고교 졸업 후 전 재산 600만 원으로 미국행, 알바하며 춤 배워
SO YOU THINK YOU CAN DANCE TOP8 등극
태양의 서커스 공연, 브로드웨이서 강사 활동도

"너는 그냥 만능 댄서야."

"이건 정말 팝핀 그 자체였어."
"너는 한국을 자랑스럽게 만들었어."

2017년 미국 댄스 서바이벌 프로그램 'SO YOU THINK YOU CAN DANCE'에 출연한 한 지원자가 들은 심사평이다. 자신보다 몇 배나 큰 무대를 팝핀 댄스(poppin' dance, 관절을 꺾고 근육을 튕기는 듯한 안무)로 가득 채워 극찬을 받은 주인공은 바로 한국인 댄서 이인영(28)씨다. 그는 4,000여 명의 지원자와의 경쟁을 통해 TOP10에 올랐고 최종 8위에 이름을 올렸다.

프로 댄서 이인영 ⓒ 본인 제공

'Dassy'라는 이름으로 활동하는 그는 프로 댄서다. 팜므파탈(Femme Fatale)이라는 팀에서 춤을 추고 레드불 모델 댄서로 다양한 광고, 뮤직비디오에 출연한다. 전 세계를 돌아다니면서 무대에 서고 춤을 가르친다. 춤이 좋아 고등학교 졸업 후 홀로 미국으로 떠나온 이인영 씨의 이야기를 들어봤다.

샤크라, 신화 보면서 꿈 키워

어렸을 때부터 춤이 좋았다. 내성적이었지만 TV에서 가수들이 춤추는 것을 볼 때면 몸이 움직이고 마음이 춤을 추라고 외쳤다. 당시 샤크라, 신화 등 1세대 아이돌의 춤을 따라 추다 보니 성격도 적극적으로 바뀌었다. 그러다 보니 자연스럽게 친구들과 어울리고 춤을 가르쳐 주기도 했다. 수련회 장기자랑 참가는 필수였다. 한국 아이돌은 물론 미국 댄스 프로그램 'SO YOU THINK YOU CAN DANCE'도 챙겨봤다. 그때부터 미국에 가서 댄서로 성공하겠다는 꿈을 키웠다.

"중학교 때 댄스 동아리, 학원에 등록하면서 본격적으로 춤을 췄어요. 집안 사정이 넉넉하지 못해서 전단, 카페 아르바이트 등으로 직접 돈을 벌어 학원을 다녔습니다. 이걸로도 부족해 댄스팀 오디션을 보러 다녔어요. 댄스팀으로 뽑히면 공짜로 수업을 들을 수 있기 때문이 죠. 학교 끝나고 연습실 가서 수업 3개 듣고 새벽 연습 후 첫차 타고 집 가는 게 일상이었어요. 집에서 씻고 바로 등교했죠. 저는 주로 팝 핀을 췄어요. 가장 어려웠기 때문이에요. 1~2년 연습해도 몸에 익지 않았는데 미친 듯이 연습하고 나서는 팝핀을 가장 잘할 수 있게 됐어 요. 고등학생 때는 조 PD, 메이다니 백업 댄서로 무대에 서기도 했어 요. 어렸을 땐 미국 가서 성공하겠다는 꿈을 말하면 무시하거나 진지 하게 받아들이는 사람이 많았어요. 그러나 저는 미국에서 성공하겠다 는 다짐 하나로 춤만 보고 달렸죠."

고등학교 졸업 후 미국으로

고등학교 졸업 후 대학 대신 미국행을 택했다. 비용은 모두 직접 마 련했다.

"금전적으로 엄마한테 손 벌리는 걸 싫어해요. 제가 1살 때 아빠께 서 암으로 돌아가셨어요. 엄마께서 홀로 언니와 저를 키우느라 바쁘 셨죠. 어렸을 때부터 스스로 해야 한다는 책임감이 컸습니다."

2012년 그렇게 모은 600만 원을 들고 뉴욕으로 떠났다. 어학원을 다니면서 영어를 배우고 춤을 췄다. 그렇게 한 달 만에 수중에 남은 돈은 50만 원이었다. 한인타운 액세서리 가게에서 일을 시작했다. 돈 이 부족해서 1달러짜리 피자로 끼니를 때우기도 했다. 영어 공부와 아 르바이트를 병행하면서 춤을 췄다. 이인영 씨의 실력은 스트리트 댄스 의 고장 미국에서도 빠지지 않았다. 보스턴에서 열린 SDFX 배틀에서

2등을 했고 몇 달 뒤 뉴욕에서는 레이디스 오브 힙합 배틀에 출전해 1등을 했다. 이 밖에도 수많은 대회에 나가서 좋은 결과를 냈고 이름을 알렸다.

"솔직히 배틀은 심사위원의 개인적인 의견으로 결과가 달라져서 잘 될 때도 있고 잘 안 될 때도 있어요. 결과에 집중하기도 하지만 제가 원하는 만큼 잘 췄는지, 감동을 줬는지가 더 중요해요. 배틀에서 이겨도 제가 만족하지 못하면 기분이 좋지 않은 이유죠. 반면 100% 춤에 몰두했고 관객에게 감동도 줬다면 졌어도 행복하답니다. 한국 스트릿 댄스 실력은 세계에서 인정할 정도로 급이 높아서 자부심이 있었습니다. 다만 미국 댄서는 자신만의 색으로 춤을 춘다는 느낌이 있어서 부럽기도 했습니다."

'SO YOU THINK YOU CAN DANCE' 톱8

2016년 그동안 모은 돈으로 아티스트 비자를 발급받아 뉴욕·로스엔젤레스 최고의 댄스 에이전시 Bloc과 계약을 맺었다. LA로 거처를 옮기고 1년 뒤 초등학생 때부터 꿈꿨던 SO YOU THINK YOU CAN DANCE에 지원했다. 비디오 오디션, 프로듀서 오디션, 심사위원 방송 오디션을 통해 총 100명을 선발한다. 이인영 씨가 출전한 시즌 14에서는 4,000여 명이 지원했다. 그 역시 모든 오디션을 통과해 100명 안에 들었다. 100명의 댄서와 일주일 동안 합숙을 하면서 톱10에 들기 위한 경쟁을 한다.

"일주일 동안 힘들기도 했고 울기도 많이 울었습니다. 힙합은 물론 볼룸, 컨템포러리, 재즈 등 다양한 장르의 춤을 배우고 췄습니다. 1시간 만에 안무를 모두 익혀서 선보여야 하기도 했죠. 무릎에 피멍도 들고 정말 울면서 연습했어요. 일주일 합숙 끝에 최종 10인에 들었습니다. 이후 할리우드에 있는 CBS 방송국에서 매주 월요일마다 생방송을 했어요. 생방송을 위해 하루 13~18시간씩 연습했습니다. 그리고 매주 한 명씩 탈락시킵니다. 저는 4주째에 탈락했고 최종 TOP 8에 이름을 올렸습니다. 12살 때부터 꿈꿔온 일입니다. 시작할 때부터 '나는 잘할 거고, 사람들은 내 춤을 좋아할 거야'라는 신념을 가슴에 새겼어요. 이게 좋은 결과로 나타난 것 같습니다."

긴 여정 중 'You made South Korea proud(너는 한국을 자랑스럽게 만들었다)'라는 심사평이 가장 기억에 남는다고 한다. 유캔댄스 TOP 8에 오른 것은 더 다양한 곳에서 많은 활동을 하게 된 계기가 됐다. 팀버랜드, 핏빗 등 브랜드 광고 촬영은 물론 뮤직비디오 출연, 해외 공연 및 워크숍 등으로 바쁜 나날을 보내고 있다. 작년 겨울부터는 레드불과 계약을 맺어 모델 댄서로 활동 중이다.

"더 많은 사람에게 감동 주는 댄서 되고 싶어"

이인영 씨는 이제 댄서 'Dassy'로서 태양의 서커스 무대에 오르고 브로드웨이 댄스 센터에서 춤을 가르친다. 그의 모습을 보고 홀로 이인영 씨를 키운 어머니도 뿌듯해 한다고 한다. 그러나 이 자리에 오기까지 순탄하지만은 않았다. 미국 진출이라는 꿈을 무시당할 때도 있었고 생활하는 것이 힘들어 포기하고 싶을 때도 많았다.

"어렸을 때 아르바이트랑 병행하는 것도 힘들었고 미국 와서도 미래가 뚜렷한 직업이 아니라 도박하는 기분이었어요. 친구도 없고 돈도 없고 외로웠죠. 집이 잘사는 유학생이 아니라 '내가 여기까지 와서 뭘 하고 있나' 하는 생각도 많이 들었습니다. 그럴 때마다 처음 춤췄을 때, 무대에서 기쁨에 젖어 울었을 때, 앞으로 성공할 내 모습을 상상하면서 마음을 다잡았어요. 또 힘들었지만 성공할 거라는 확신은 가슴 속에 항상 있었습니다. 잃을 게 없으니 무작정 직진하자는 생각이었죠."

그의 목표는 더 많은 사람에게 감동을 주는 댄서다. 또 단순히 춤추는 것을 넘어 안무가나 디렉터로도 발전하고 언젠가 춤이나 예술 관련 비즈니스도 하고 싶다고 한다. 마지막으로 댄서를 꿈꾸는 후배들에게 조언도 잊지 않았다.

"요즘 댄서로 성공하고 싶어 하는 분들이 정말 많아졌습니다. 그만큼 경쟁도 심해졌어요. 먼저 경험한 사람으로서 이 길이 정말 힘들다고 말해주고 싶습니다. 정말 열심히 해야 성공할 수 있습니다. 또 겉으로 보이는 화려함을 위해 안 보이는 곳에서는 남들보다 2~3배 열심히 해야 한다는 것을 잊지 않았으면 좋겠습니다."

7

"똑같이 해선 못 이긴다"
땀이 만든 아시아 '최강 Choo'

동아일보 이헌재 기자 2019.06.06.

추신수, 빅리그 亞선수 첫 200홈런

팀훈련 3시간 반 前 나와 개인 연습, 15년 차 최고참 된 지금도 꼭 지켜

日 마쓰이-이치로도 못 친 200홈런… 37세 나이 무색한 전성기급 활약

'절박함'과 그 절박함을 잊지 않은 '꾸준함'.

5일 아시아 선수 최초로 메이저리그 200홈런의 신화를 쌓아 올린 추신수(37·텍사스)는 7년 1억 1,300만 달러(약 1,533억 원)의 몸값을 받는다. 그의 오늘을 있게 한 원동력은 두 단어로 정리할 수 있다.

2001년 메이저리거의 꿈을 안고 미국으로 건너간 추신수는 오직 살아남아야 한다는 생각밖에 없었다. 그가 택한 방법은 남들보다 열심히 하는 것이었다. 야구장에 가장 먼저 나가고, 가장 늦게 퇴근하는 게 그중 하나였다.

눈물 젖은 빵을 씹던 마이너리그에서 빅리그에 처음 올라온 2005년. 안방 경기가 오후 7시에 시작할 때도 그는 오전 11시 반이면 구장에 나왔다. 합동 훈련이 시작되는 오후 3시 전까지 그는 개인 훈련을 하며 모자란 부분을 채웠다.

어느덧 빅리그 15년 차로 팀 내 최고참이 된 요즘도 그의 출근 시간은 여전히 오전 11시 반이다. 해마다 2월에 열리는 스프링 캠프에서는 더 일찍 나왔다. 이때는 오전 9시에 공식 일정이 시작되지만 선수들은 오전 7시 정도에 나온다. 추신수는 오전 4시 반에 나왔다. 구장 관리인은 처음엔 "제발 좀 늦게 나와 달라"고 부탁했다가 나중에는 아예 라커룸 열쇠를 맡겨 버렸다. 올해 스프링 캠프에서는 크리스 우드워드 텍사스 신임 감독이 최고참 추신수에게 출근 시간을 늦출 수 없겠느냐고 묻기도 한 것으로 알려졌다. 팀 전체 훈련 시간을 늦춰 여유 있는 분위기를 만들어 보려 했다는 것이다. 추신수는 늘 해오던 일을 바꿀 수 없다며 여전히 새벽에 출근한 것으로 알려졌다.

야구 선수로서 크다고는 할 수 없는 키 180㎝의 그는 평소 이렇게 말했다.
"캠프에 가면 몸 좋고, 힘 좋은 애들이 차고 넘친다. 신체 조건이나 체력이 다른데 똑같이 해서는 이길 수 없는 것 아닌가. 방심하는 순간 지금까지 이뤄냈던 모든 게 한순간에 사라져 버릴 것 같다."

매일 제시간에 도착하는 기차처럼 '추추 트레인'은 신인 때부터 이어온 자기만의 세밀한 습관들을 꾸준히 지키고 있다. 기록은 바로 그

꾸준함에 따라오는 산물이다.

그는 이날 미국 텍사스주 알링턴 글로브 라이프 파크에서 열린 볼티모어와의 안방 경기에 1번 타자 겸 좌익수로 출전해 첫 타석에서 홈런을 터뜨렸다. 0:4로 뒤진 1회말 딜런 번디의 한가운데 직구(시속 147km)를 통타해 가운데 담장을 훌쩍 넘겼다. 팀은 11:12로 졌지만 추신수는 시즌 11호, 통산 200호 홈런을 기록했다. 역대 메이저리그 통산 350번째 200홈런이다.

추신수는 아시아 선수 최초로 200홈런 고지를 밟았다. 역대 2, 3위는 이미 은퇴한 일본인 선수 마쓰이 히데키(175개)와 스즈키 이치로(117개)다. 당분간 그의 기록을 깰 선수는 보이지 않는다.

주목할 만한 점은 30대 후반의 나이에 전성기급 활약을 이어가고 있다는 것이다. 추신수는 36세이던 지난해 현역 최다 연속 경기 출루 신기록(52경기)을 세우며 생애 처음으로 올스타전에 출전했다. 그런데 21홈런을 친 지난해보다 올해 페이스가 훨씬 빠르다. 올해 OPS(출루율+장타력)는 0.938로 지난해(0.810)보다 0.1 이상 높다. 추신수는 타율 0.302로 팀 내 1위를 달리고 있다. 득점(41점) 역시 조이 갤로와 함께 공동 1위다. 지금 추세라면 2년 연속 올스타전 출전도 바라볼 만하다.

송재우 MBC스포츠플러스 해설위원은 "지난해 좋은 성적을 올렸던 전반기는 컨디션이 별로 좋지 않았다. 반대로 몸 상태가 좋아 자신감 넘쳤던 후반기에는 부진했다. 이 때문에 추신수가 '야구는 정말 모르는 것'이라는 말을 자주 한다"고 전했다.

8

떡 장사하던 칠갑산 청년, 스팀 압력, 코팅 살균 기술로 쌀 식품 강소기업 일구다

한국경제 고양=FARM 홍선표 기자 2019.11.30.

이능구 칠갑농산 회장

연 매출 680억 원 기업으로

단시간 내 대량으로 찌는 증숙기

유통기한 확 늘린 기술도 개발

식품 관련 협회에 특허 기증도

이능구 칠갑농산 회장(76)이 충남 청양군 칠갑산 자락에 있는 시골 마을에서 서울로 올라온 건 1972년이다. 29세 때였다. 태어난 지 얼마 안 돼 뇌막염에 걸린 아들의 치료비를 마련하기 위해 가족을 두고 홀로 상경했다.

이능구 칠갑농산 회장이 경기 고양에 있는 회사 내 상품 판매대 앞에서 환하게 웃고 있다 ⓒ 칠갑농산 제공

중학교도 제대로 마치지 못한 그는 친척 소개로 떡 공장에서 떡국용 쌀떡을 떼다 시

내 곳곳의 상점과 정육점 등에 파는 일로 서울살이를 시작했다. 쌀 가공식품과의 인연은 그렇게 시작됐다. 그리고 서울에 첫발을 디딘 지 47년이 지난 올해 연 매출 680여억 원의 식품기업 회장이 돼 있다. 그가 1982년 창업한 칠갑농산은 국내 대표적인 쌀 가공식품 회사다. 떡국이나 떡볶이용 쌀떡부터 국수, 냉면, 수제비, 냉동 만두, 즉석 쌀국수 등 칠갑농산이 생산하는 제품의 80%가량이 쌀을 주원료로 한다.

혼자 자전거에 쌀떡 봉지를 가득 싣고 서울 망원동, 서교동 일대 언덕길을 오르내리던 1970년대 중반의 기억을 떠올리는 걸로 인터뷰를 시작했다. 떡을 팔아보겠다고 가게 문을 열고 들어서면 "이미 거래처가 있으니 나가라"고 문전박대당하던 시절이었다.

"가게 주인들이 출근하기 전인 새벽 시간에 미리 가서 가게 앞을 깨끗하게 치워놓는 일을 며칠씩 계속했어요. 그렇게 하니까 가게 주인들도 '알겠으니까 몇 봉지 놓고 가라'면서 마음을 열었고요."

이런 식으로 5~6년 동안 서울 시내 곳곳을 누비며 납품처를 늘려나간 덕에 1980년대 초반 작은 점포와 1t 트럭도 하나 마련하게 됐다. 압구정동을 비롯한 서울 강남권에 대규모 아파트 단지가 들어서기 시작할 무렵 단지 내 슈퍼마켓들을 찾아다니며 영업망을 넓힌 게 사업 안정화의 결정적인 요인이 됐다.

그는 유통사업이 자리가 잡히자 쌀 가공식품 제조로 눈을 돌렸다. 칠갑농산이란 회사 창업도 그때 이뤄졌다. 이 회장의 남다른 재능이 빛을 발하기 시작했다. 생산 기계와 설비를 직접 설계해 공장의 생산성을 크게 끌어올렸다. 경쟁업체보다 더 많은 물량을 더 저렴한 비용으로 생산해냈다.

"그때까지만 해도 떡 공장들은 말이 공장이지 다들 동네 방앗간 수준이었어요. 시루에 쌀을 넣어 찌는 동안 사람이 계속 옆에 붙어서 지켜봐야만 했죠. 이런 식으로 해서는 사업을 키울 수 없다는 생각이 들더라고요."

이런 고민 끝에 개발된 기계가 압력밥솥처럼 스팀 압력을 이용해 떡을 쪄내는 '스팀 압력 떡 증숙기'다. 칠갑농산의 충남 청양 공장과 경기 파주 공장에서 가동하고 있는 기계도 1980년대 중반 처음 개발된 떡 증숙기를 30여 년 동안 계속 개량해서 만든 결과물이다.

물에 불린 쌀을 넣으면 몇 분 만에 수십kg의 떡이 나오는 떡 증숙기는 당시 식품업계에선 혁신적인 기술이었다. 이 회장은 칠갑농산의 기계들이 오늘날과 같은 뛰어난 성능을 내기까지 남들은 알지 못하는 수많은 실패가 있었다고 말했다.

"성공한 기계보다 만드는 도중에 실패해서 갖다 버린 기계가 훨씬 더 많습니다."

독특한 살균법인 주정침지법을 국내 처음 도입한 뒤 경쟁업체들도 이 기술을 무료로 사용할 수 있도록 특허를 식품 관련 협회에 기증한 일은 국내 쌀 가공산업 수준을 한 단계 끌어올린 업적으로 평가받는다. 이 기술은 술 원료인 주정으로 쌀 가공식품의 겉면을 코팅해 살균 효과를 내는 것이다. 이 회장이 1980년대 후반 이 기술을 개발한 뒤

그 이전까지 길어야 열흘에 불과했던 쌀 가공식품의 유통기한이 최대 5개월까지 늘어났다.

"처음 사업을 시작했을 때부터 가장 큰 고민거리가 쌀 가공식품의 유통기한을 늘리는 것이었습니다. 일본에 갔을 때 일본 회사들이 주정을 활용해 유통기한을 3개월 이상 유지하는 걸 보고 아이디어를 얻었어요. 기술을 개발한 뒤 국내 쌀 가공식품 시장의 규모를 키우는 게 먼저라는 생각에 특허를 협회에 기증했죠."

이 회장은 국내 쌀 소비 감소와 관련해 쌀 가공식품의 국내 소비와 수출을 늘리는 게 국내 농가들이 안정적으로 쌀을 생산할 수 있도록 돕고 한국 농촌의 쇠퇴를 막는 가장 효과적인 방법이라고 말했다. 지난해 칠갑농산의 수출액은 50억 원에 달한다.

"우리 같은 중소기업에는 수출이라는 게 정말 어렵습니다. 그래도 해외 시장에 도전해야 회사도 더 키울 수 있고 또 그게 우리나라 농촌도 살릴 수 있는 길이라고 생각하고 있어요."

9

5대양 거친 파도 헤치며 水産 제국 일구다···
'50년 선장' 김재철의 아름다운 퇴장

한국경제 김용준 생활경제부장 2019.04.17.

경영 일선서 전격 은퇴
어선 1척, 선원 3명으로 창업
세계 최대 수산회사 꿈 이뤄
"이젠 무거운 짐 내려놓고 응원"

1934년 전남 강진에서 농부의 아들로 태어난 김재철. 공부에 재능이 있던 그였다. 하지만 고3 때 선생님의 한마디에 인생 항로를 바꿨다. "나 같으면 바다로 가겠다."

그는 무한한 가능성이 있는 곳으로 향했다. "고작 뱃놈이 되겠다는 것이냐"는 아버지의 호통을 뒤로하고 부산으로 갔다. 수산대(현 부경대)에 입학했다. 그곳에서 수많은 청춘이 배를 타다 영원히 바다로 가버렸다는 얘기도 들었다. 하지만 흔들리지 않았다. 최초의 원양어선 지남호가 출항한다는 얘기를 듣고 배에 몸을 실었다. "죽어도 좋다"는 각서를 쓴 채. 대학을 졸업한 청년 김재철은 선장이 됐다. 삶과 죽음의 경계를 넘나드는 항해를 시작했다. 일본 배를 빌려 세계의 바다를 누볐다. 참치를 잡으며 생각했다.

'언젠가는 저들을 넘어서리라.'

그는 다른 뱃사람들과 달랐다. 배에서도 책을 끼고 살았다. 고기 잡는 법을 연구하고 메모했다. 참치를 잘 잡은 그는 '캡틴 JC KIM'으로 불렸다. 1969년 4월 원양어선 한 척, 선원 세 명과 함께 회사를 차렸다. 동원산업이었다. 김재철 동원그룹 회장은 이후 수십 년간 참치, 바다와 함께했다. 그는 말했다.

"숨 가쁘게 달리다 돌아보니 꿈꾸던 대로 '세계 최대 수산회사'가 돼 있었다."

그의 사업은 수산업에 머물지 않았다. 1980년대 초 그는 미국에서 연수를 하다 금융산업에서 또 다른 미래를 발견했다. 한국으로 돌아온 그는 1982년 한신증권을 인수, 증권업도 시작했다. 한국투자금융그룹의 출발이었다.

16일 동원산업 창립 50주년 기념식이 경기 이천 연수원에서 열렸다. 기념사를 하던 그는 말했다.

"이제 무거운 짐을 내려놓겠습니다."

장내는 조용해졌다. 그룹 회장의 은퇴 선언이었다. 하지만 일반 선장의 은퇴식과 다르지 않았다. 오래전 함께하던 뱃사람들 그리고 직원들과 사진을 찍는 것이 끝이었다. 참치왕, 재계의 신사, 21세기 장보고로 불린 김재철 선장은 50년 짊어진 파도 같았던 짐을 내려놓고 자연인으로 돌아갔다.

10

낮엔 태권도 관장, 밤엔 택배 알바…
오늘도 버틴다

조선일보 조유미, 허유진, 유종헌, 장근욱 기자 2020.04.27.

코로나에 자영업자 '슬픈 투잡'

관원 70→10명, 월세도 못 내… 태권도장 車 밤새 몰아 2만 원
새벽 택배 알바 몰리자, 건당 배송비 반토막

23일 새벽 1시. 서울 동작구 빌라촌 내 18평 투룸 반(半)전셋집 안방에서 휴대전화 알람이 요란하게 울렸다. 태권도장 관장 김 모(39) 씨가 알람을 끄고 일어나, 아내가 깨지 않도록 조심스레 옷을 챙겨 입고 거실로 나갔다. 식탁 위 삶은 계란 두 알을 까먹고, 관원 아이들을 태워 주는 노란 승합차 운전석에 앉아 시동을 걸었다. 향한 곳은 서울 양재동 쿠팡플렉스 물류 센터. 센터 앞 도로엔 먼저 도착한 자동차 30여 대가 줄지어 대기 중이었다. 일일 물품 배송 아르바이트를 뛰려는 사람들이다.

새벽 2시 54분, 휴대전화에 '금일 물량 20건 이하'라는 쿠팡 측 메시지가 왔다. '오늘은 밤새 배달해 봤자 3만 원도 벌 수 없다'는 의미다. 그러자 김 씨 앞에 줄을 서 있던 차량 10여 대가 대열을 벗어나 집으로 갔다. 김 씨는 그러지 못했다. "두 딸과 아들을 생각하면 몇 푼이라도 벌고 들어가야 한다"고 했다. 김 씨 체육관에는 올 초만 해도 70명 가까운 관원이 있었다. 하지만 코로나 사태와 함께 급격히 줄어, 지금은 10여 명이다. 이번 달 김 씨 수입은 130만 원. 월 200만 원인 체육관 임차료가 석 달째 밀렸다. 승합차 운전기사가 따로 있었는데, 지난달 무급 휴가를 줬다.

이날 새벽 김 씨는 방배동 일대로 가는 택배 열다섯 개를 받았다. 총 연장 20㎞를 돌며 배달을 마친 뒤 집에 들어섰을 때, 시계는 6시 15분을 가리키고 있었다. 김 씨는 휴대전화 알람을 '오전 10시'로 맞추고 다시 잠자리에 들었다. 이날 김 씨 손에 쥐여진 배달 인건비는 '2만 2,000원'이었다.

폐업 위기에 몰린 자영업자들이 배달 아르바이트 시장으로 쏟아지고 있다. 26일 통계청에 따르면, 지난달 단기 알바를 포함한 취업자 수는 도매·소매업에서는 16만 8,000명, 숙박·음식점업에서는 10만 9,000명이 줄었지만 운수·창고업에서는 7만 1,000명이 늘었다. 택배 배달은 특별한 전문성이나 번거로운 채용 절차가 필요 없다. 그러다 보니 소비 위축과 급격한 최저 임금·임차료 상승, 거기에 코로나 사태까지 겹치면서 자영업자와 그 종업원까지 한꺼번에 배송 시장으로 몰려들고 있다. 배달 인력 공급이 수요를 한참 초과하면서 배달원 인건비는 건당 2,000원에서 최근 1년여 사이 850원까지 떨어졌다.

성태윤 연세대 경제학과 교수는 "자영업 위기는 경직적인 주 52시간 근무제와 최저 임금 제도 등 악재가 누적된 상태에서 코로나를 계기로 터져 나온 것"이라며 "'코로나 사태만 넘기고 보자'는 식의 접근으론 해결 불가"라고 했다.

서울 양재동 쿠팡플렉스 물류 센터 앞 도로에는 밤 11시 30분 무렵부터 차들이 모여들기 시작한다. 다음 날 오전 2시 30분 시작되는 배송 아르바이트에 지원하려는 차들이다. 23일 오전 0시 30분쯤 대기 행렬로 중국집 배달 오토바이가 다가왔다. 그러자 차량 한 대에서 50대 남자가 내리더니 짬뽕 한 그릇을 받아서 차 안으로 돌아갔다. '식당 주인'이라고 밝힌 그는 "어제 제시간에 나왔더니 기다리는 사람이 많아 대기 시간이 길어져서, 오늘은 3시간 일찍 나왔다"고 했다. 새벽 1시가 되자 대기 차량은 80여 대로 늘었다.

쿠팡플렉스는 배달원이 원하는 시간대를 골라 배송 일을 하고, 건당 인건비를 받는 구조다. 배송 인건비는 배송 물품의 내용과 그날 인력 사정 등에 따라 달라진다. 재작년 12월 건당 대략 2,000원 정도였지만, 코로나 사태를 거친 지금은 주간 850~950원, 야간·심야 1,050~1,150원 정도다.

오전 2시 30분쯤 이곳에서 만난 김 모(38) 씨는 지난주까지 구로구에서 노래방을 운영했다. 코로나 사태로 월세 200만 원과 직원 한 명 월급 200만 원을 줄 수 없어 결국 휴업했다. 그는 "소상공인 긴급 대출 2,500만 원을 받았지만 언 발에 오줌 누기"라고 했다. 김 씨는 전날엔 주간과 야간 '두 탕'을 뛰며 총 48건을 배송했다. 엘리베이터 없는 빌라에 10~20kg짜리 물, 쌀 등을 배달했고, 총 운전 거리는 85㎞, 총 근무 시간은 8시간 30분이었다. 그러고 6만 원을 받았다. 시간당 7,059원꼴이었다. 김 씨는 "최저 임금 수준도 안 될 때가 많지만 안 버는 것보단 낫다"고 했다. 서울 관악구 국숫집 주인 김 모(56) 씨는 3월 말부터 '남의 가게 음식'도 배달한다. 직원 세 명에 알바생 한 명을 쓰는 김 씨는 "하루 열 건 정도 다른 음식점 배달도 한다"며 "이렇게 하면 5만 원 정도 버는데, 알바생 한나절 인건비는 된다"고 했다.

택배 차량에 물건을 싣고 내리는 '상하차 업무', 주소에 따라 택배 물품을 분류하는 업무에도 자영업자가 몰리는 것은 마찬가지다. 본지가 수도권 배송 관련 인력 업체 20곳에 전화를 돌려 '코로나 이후 지원자가 얼마나 늘었느냐'고 물었더니 가장 적게 부른 곳이 '2배'였고, '5배'라고 답한 곳도 있었다.

깡만 남은 소녀,
망한 집안과 회사 살리다

조선일보 진은혜 더비비드 기자 2020.07.06.

고등학생 때 장사하며 의대 붙었지만 의류 디자인학과 진학

남미에서 모델 활동 후 회사 창업

디자인만 올리면 생산 연결하는 플랫폼 '파이' 런칭

이지윤 컨트롤클로더 대표는 이제 갓 서른을 넘겼지만 사업 경력이 15년에 달한다. 가족의 부도, 폐업 위기 등의 불운을 딛고 국내 최대 의류 생산 대행 플랫폼 파이(FAAI)를 운영하고 있다. 그를 만나 스타트업의 생존 비결을 들었다.

디자이너와 봉제 공장의 연결고리

파이(FAAI)는 '패션 AI'의 줄임말이다. 패션업계 인공지능이 돼서 불편을 해소해 주겠다는 뜻이다. 주된 서비스는 봉제공장과 생산 의뢰자를 연결하는 것이다. 생산 의뢰자가 어플리케이션에 희망하는 디자인, 수량, 납기 등을 등록하면, 파이 측이 해당 주문을 소화할 수 있는

129

컨트롤클로더 이지윤 대표 ⓒ 컨트롤클로
더

봉제공장을 연결한다. 생산 의뢰자는 자체 디자인으로 옷을 만들어 판매하는 개인 디자이너 브랜드가 제일 많고, 대형 의류 브랜드, 단체복을 맞추는 동호회, 종교단체 등도 있다.

이들이 주문을 넣은 후 생산할 공장이 결정되면, 공장 관리부터 배송까지 모든 과정을 파이가 전적으로 책임진다.

"생산 의뢰자는 주문만 올리면 끝입니다. 의뢰자의 집이나 사무실로 원하는 옷이 원하는 수량만큼 도착하니 편리하죠. 공장과 수시로 얘기하면서 물건 떼어오느라 왔다 갔다 할 필요가 없습니다. 공정 과정은 앱으로 실시간 확인할 수 있습니다. 공장들도 번거로울 게 없습니다. 앱에 들어온 주문을 우리가 전달하면 그대로 생산만 하면 됩니다. 앱을 보고 있을 필요가 없죠."

파이는 2018년 8월 서비스를 시작해, 지금까지 3,680개의 공장과 디자이너를 연결했다. 합이 맞는 공장을 찾기 어려워 고생했던 디자이너나 브랜드들이 파이에 열광했고, 좋은 고객을 찾지 못해 쩔쩔맸던 봉제공장들도 환호했다. 리오더율은 82%에 이른다.

물건 팔아 집안 살린 당돌한 고등학생

빚 갚으며 성장기를 보냈다. 패션 잡화를 제조해 해외로 수출하던 부모님의 회사가 이 대표가 17살 될 때 부도가 났다. 채권자들이 집에

난입해 팔지 못한 손목시계, 팔찌 등의 잡화를 박스째로 집어던지며 화풀이했다. 애써 만든 잡화들이 행패 부리는 데 이용되는 게 안타까웠다. 어떻게든 팔아 부모님 빚 갚는 데 도움이 되고 싶었다.

"오픈마켓 파워셀러를 수소문해서 집 근처 계시는 분을 무작정 찾아갔어요. 교복 차림으로 물건 광고하는 법과 파는 법을 알려 달라고 졸랐습니다. 그분의 마음을 열기 위해 철판 깔고 매일 찾아갔습니다. 커피 타드리며 계속 졸랐죠. 한 3주쯤 지났을까. 그분이 저를 앉혀 놓고 오픈마켓 운영법을 알려주시더군요. 그때 배운 걸 토대로 옥션, 지마켓 등 몰을 열어 상품을 팔기 시작했어요."

맏이의 책임감으로 시작한 일인데, 집안을 일으켜 세우는 지렛대가 됐다. 매주 금요일, 채널별로 500만 원 가까운 돈이 들어왔다. 자신감을 얻고 오프라인 판매도 시작했다.

"지하철 신길역 상가를 임대했어요. 외국인 노동자가 많이 다니는 곳인데, 가만 보니 그분들이 귀국하기 전에 지하상가에서 물건을 쓸어가다시피 하더라고요. 돈 되겠다 싶어서 오프라인 매장을 3개 냈는데 다 잘됐습니다."

의대 포기하고 모델 활동

20대 때는 원 없이 자유를 누리고 싶었다. 의대에 붙었지만, 옷과 사업이 좋아 의류 디자인학과에 진학했다. 대학 가서도 계속 관심은 사업에 있었다. 군화 때문에 발이 아프다는 당시 남자친구의 말에서 착안해, 군화에 맞는 편한 깔창을 군대에 납품하는 걸 추진했다.

"책 한 권에 가까운 제안서를 만들어 국방부에 제출했어요. 결국 입찰을 통해 PX 입점에 성공했습니다. 이 일을 계기로 고교 때부터 운영하던 오픈마켓 쇼핑몰을 군인용품몰로 전환했어요. 지금까지도 제 가족이 이 몰을 운영하고 있습니다."

외국 경험이 하고 싶어서 늘씬한 키를 살려 아르헨티나로 건너가 패션모델이 됐다.

"한 기획사를 통해 지원했더니 바르셀로나, 런던, 아르헨티나 세 군데에서 캐스팅 제안이 왔어요. 남들 다 가는 유럽 대신 미지의 세계인 남미에 끌려 아르헨티나를 선택했습니다."

재밌었다. 하지만 모델로 성공하겠다는 욕심은 없었다. 젊을 때 누릴 수 있는 특권이라고 생각해 부담 없이 즐겼다. 비자 문제로 잠깐 한국에 들어왔다.

"오랜만에 동기 선후배들을 만났더니 제 시계만 멈춘 것 같았어요. 대기업 같은 본인의 꿈을 따라 하나둘 떠난 거죠. 교수님도 '졸업하려면 너도 이제 공부해야 하지 않겠냐'고 하시더군요."

모델 활동 시절의 이지윤 대표 ⓒ 컨트롤클로더

일단 학교는 마치기로 했다.

"취업 특강, 취업 컨설팅 등을 다니며 앞으로 뭘 할지 고민을

132

많이 했어요. 객관적인 눈으로 저를 바라보니 암담하더군요. 평균 학점 2.1점에, 토익도 본 적 없고. 심지어 뭘 원하는지도 몰랐어요. 희망 기업과 직무조차 없었죠. 결국 진로 찾는 것을 돕는 교수님이 저더러 '너는 취업 못 하니 창업하라'고 하시더군요."

처음 '얼마나 답이 없으면 창업 얘기까지 하실까' 충격을 받았다. 하지만 곰곰이 생각하니 못할 것도 없었다. 함께 졸업 작품을 준비했던 친구들의 말이 가슴에 불을 지폈다.

"친구들이 졸업 전시가 끝나면 토익 공부를 하겠다는 거예요. 옷을 정말 잘 만드는 친구들인데, 생산이나 판로 확보 같은 디자이너의 현실적 어려움을 감당할 수 없어서 다른 길을 찾겠다는 거죠. 그 친구들의 재능이 너무 아까웠어요. 그래서 '옷만 만들면 내가 행거에 걸어서라도 팔아준다'고 호언장담했어요. 그게 컨트롤클로더의 시작입니다."

파산 직전까지 내몰린 디자이너 매니지먼트

2013년 패션 디자이너 매니지먼트로 출발했다. 신규 디자이너를 찾아 계약을 맺고, 유통과 마케팅을 대행했다. 작업에 전념할 수 있게 된 디자이너들은 물 만난 물고기처럼 재능을 발휘했다. 많은 연예인 스타일리스트들이 줄을 서서 옷을 달라고 졸랐다. TV를 켜면 어디에선가 무조건 컨트롤클로더를 통해 만들어진 옷이 나왔다. 해외 바이어를 통해 외국 진출도 했다. 여러 창업경진대회에서 상을 타고, 투자 유치도 받았다.

호기로운 23살. 더 못할 일이 없을 것 같았다.

"그 시절 유행했던 슈퍼스타K처럼, 저희가 직접 디자이너 지망생을 모집하는 콘테스트를 열어 최후의 한 명에게 브랜드 런칭 지원금 1억 원을 줬습니다. 곳곳을 뛰어다니며 스폰서를 모아 상금 1억 원을 마련했죠. 지금 생각하면 어렸으니까 무턱대고 할 수 있었던 것 같습니다."

하지만 거기까지였다. 화려한 외형이 수익으로 연결되지 않았다. 하나의 플랫폼으로 원재료 소싱부터 생산, 유통, 마케팅, 해외 진출까지. 스타트업이 감당하기에 사업 범위가 너무 넓다는 문제도 있었다.

"수익보다 비용이 많으면서 경영난까지 왔습니다. 소속 디자이너와 직원들의 연쇄 이탈이 이어졌죠. 결국 폐업하자는 얘기까지 나왔습니다."

슬퍼할 겨를도 없었다. 거듭된 빚의 함정에 빠지면서, 길바닥에서 주운 '급전' 명함의 빚까지 손을 댔다. 육두문자로 가득한 빚 독촉 문자에 눈을 뜨는 게 일상이었다. 빚쟁이들이 집에 찾아오는 일도 많았다.

"내일 죽어도 이상하지 않겠다는 생각까지 들었습니다."

생산 연결로 전환하니 시장 호응

그대로 주저앉을 수는 없었다. 급한 대로 생산 연결만 해주는 일을 해보기로 했다.

"아는 디자이너와 브랜드들을 찾아가 생산 공장을 연결해주겠다고 제안했어요. 손과 발이 돼 주겠다고 했죠. 그러자 한 번에 15개 디자인을 주면서 생산 공장을 찾아달란 디자이너가 나왔어요. 아는 공장을 다 뛰어다니고 공장에서 쪽잠을 자면서 생산 대행을 해드렸습니다. 그랬더니 해당 디자이너가 저에게 500만 원을 주더군요. 그렇게 번 돈으로 빚 갚고 또 일 구하러 다니고. 그 일을 계속 반복했습니다."

공장 연결 사업이 어느 정도 자리를 잡자, '아예 플랫폼화 해보면 어떨까' 생각이 들었다.

"디자이너들이 옷을 만들어 팔기까지 생산을 가장 어려워한다는 것을 알게 됐어요. 개발자 친구에게 급하게 부탁해서 앱을 하나 만들어 봤습니다. 버그가 계속 생기는 말썽꾸러기 앱이었는데, 꾸역꾸역 의뢰가 계속 들어오더군요. '아 지금 시장에 이만한 대안이 없구나. 되겠다'는 확신이 들었습니다."

그렇게 폐업 위기에 처했던 컨트롤클로더는 극적으로 기사회생했다. '옷을 만들고자 하는 누구나 이용할 수 있는 서비스'를 표방한다. 전문 디자이너뿐 아니라 인플루언서, 블로거도 파이를 찾는다. 캐릭터를 넣은 옷 등을 의뢰하는 것이다. 신세계, 코오롱, 이랜드, LG패션, 삼성물산 등 대기업들 의뢰도 줄을 잇고 있다.

‒ 주요 고객이 대기업으로 바뀌고 있는 건가요.

"아뇨. 온라인에선 대기업 옷인지 신진 디자이너 옷인지가 중요하지 않습니다. 대기업 메인 상품이 겨우 500개 팔릴 때, 어떤 인플루언서는 1만 개를 팔았다며 재주문을 넣습니다. 패션이 갈수록 개인화, 파편화되고 있습니다. 수많은 브랜드가 완전 경쟁을 하는 거죠. 그러면서 생산 외주의 필요성은 더욱 커지고 있습니다. 화장품 시장의 한국콜마 같은 회사가 되겠습니다. 수많은 옷이 각자 브랜드는 제각각이더라도, 모든 생산은 우리를 통해 이뤄지는 거죠."

올해 1분기에만 200억 원 돌파

지난해 총 중개액이 100억 원이었는데, 올해는 1분기에만 200억 원을 넘어섰다. 코로나 특수 덕이다. 해외에서 옷을 생산하던 브랜드들이 국내 생산을 택하며 파이를 찾는 경우가 급증했다. 수술복, 특수복, 마스크 등 생산 의뢰도 크게 늘었다. 일손이 바빠지면서 불과 한 달 만에 직원을 두 배 가까이 증원했다.

– 앞으로 계획은요.

"아직은 뚜렷한 경쟁자가 없는데요. 많은 기업이 저희와 비슷한 서비스를 할 계획을 갖고 있는 것으로 알고 있습니다. 잠재적인 경쟁자들이 꾸준한 격차를 느낄 수 있도록 서비스 고도화에 집중하고 있습니다. 해외에서 우리 서비스를 찾는 경우가 있습니다. 미국 업체가 저희를 통해 한국 공장에 생산을 맡기는 식이죠. 글로벌 서비스로 발전시키고 싶습니다."

– 우여곡절을 많이 겪었어요. 스트레스 관리는 어떻게 하나요?

"사업하는 아버지 밑에서 자라다 보니 어려서부터 롤러코스터 같은 삶에 익숙했습니다. 어릴 때는 모두가 그런 줄 알았어요. 하지만 크면서 보니 안정적으로 살아온 사람도 많더군요. 제 컨디션이 회사 운영에 큰 영향을 미칩니다. 롤러코스터 같은 회사가 돼선 안 됩니다. 스스로 안정을 취하려는 노력을 많이 합니다. 돌발 상황이 생기면 제가 자체적으로 세운 매뉴얼에 따라 평온함을 유지하려는 노력을 하고 있습니다."

– 예비 창업인들에게 조언이 있다면요.

"저는 너무 어렸을 때 창업했습니다. 돈이 어떻게 흐르는지, 세상에 어떤 사람이 있는지, 시장의 흐름은 뭔지 아는 게 하나도 없이 창업했죠. 그나마 깡 하나로 버텨온 건데, 그래서 데스밸리(죽음의 계곡)를 너무 오래 지나온 것 같아요. 시장 흐름을 미리 알고 사업을 시작하면 데스밸리 구간을 단축시킬 수 있습니다. 부디 철저히 대비해서 창업하길 바랍니다."

3장

창의력·4차 산업혁명의 히든챔피언

지금 이 지구촌에 4차 산업혁명에 관한 소리가 요란합니다. 지속적인 국가발전을 위해서는 과학기술 발전에 몰입해야 되겠지만 그렇다고 정신세계를 간과해서는 안 될 것입니다. 어느 나라든 4차 산업의 진정한 승패는 미래세대들의 창업 정신, 창의력에서 발아되어 그 발전 과정에서 물질문명과 정신문화가 어느 정도 조화를 이루었느냐에 따라 좌우될 것입니다.

창업 정신과 창의력은 식물의 새순과도 같습니다. 어릴 때부터 가꾸고 길러야 할 것입니다.

1

"눈 나빠지지 않는 TV 없나요"…
초등생의 편지에 화답한 LG전자

조선비즈 장윤서 기자 2020.05.31.

"TV를 보는 걸 너무나 좋아하지만 화면에서 나오는 블루라이트로 머지않아 안경을 쓰게 되면 어떡하죠. 블루라이트가 나오지 않는 TV는 없나요?"

블루라이트를 확인하는 기채영 학생(서울 =연합뉴스) 31일 서울 영등포구 LG 트윈 타워에서 HE사업본부장 박형세 부사장이 기채영 학생을 초청해 TV 블루라이트 저 감 기술을 설명하고 있다 ⓒ LG전자 제공

최근 LG전자는 서울 서대문구에 거주하는 초등학교 5학년 기채영 학생으로부터 손으로 직접 쓴 편지 한 통을 받았다.

LG전자는 "블루라이트가 나오지 않는 TV를 꼭 발명해달라"는 기채영 학생의 편지에 화답했다고 31일 밝혔다.

LG전자는 기채영 학생의 편지에 고마움을 전하는 한편 블루라이트를 대폭 줄여 장시간 시청해도 눈이 편안한 LG 올레드 TV의 기술을 소개하는 자리를 제안했고, 지난주 기채영 학생이 친구와 함께 서울 영등포구 LG 트윈타워를 방문했다.

LG전자는 백라이트 유무에 따른 TV의 구조적 차이와 블루라이트에 대해 어린이 눈높이에 맞춰 알기 쉽게 설명하는 시간을 가졌다. 특히 기채영 어린이는 특수 제작된 안경을 쓰고 올레드 TV와 LCD TV에서 블루라이트가 나오는 정도의 차이를 직접 눈으로 확인하며 놀라워하기도 했다.

이번 만남을 주선한 HE사업본부장 박형세 부사장은 "멋진 제안을 해줘서 고맙다"고 기채영 학생에게 인사를 전하는 한편 "블루라이트가 적게 나오는 올레드 TV와 같이 눈이 편안한 TV를 지속적으로 만들겠다"고 약속했다.

LG전자가 출시한 LG 올레드 TV 전 제품은 미국 안전인증기관 'UL(Underwriters Laboratory)'로부터 '청색광 저감 디스플레이(Low Blue Light Display)'로 검증받은 LG디스플레이의 올레드 패널을 탑재했다.

올레드 패널은 독일 시험인증기관 'TUV라인란드(Rheinland)'에서도 '눈이 편한 디스플레이(Eye Comfort Display)'로 인증받은 바 있다. 올레드 TV의 청색광 방출량은 '국제전기기술위원회(IEC: International Electronical Commission)'가 정한 무해성 기준 대비 절반 수준에 불과하다.

박형세 LG전자 HE사업본부장 부사장은 "LG 올레드 TV를 고객이 꿈꾸는 TV로 만들기 위한 노력을 지속하며 프리미엄 TV 시장을 선도해 나갈 것"이라고 말했다.

2

'중고교생을 위한 1318 독서 노트' 출시 이벤트

조선일보 전현석 기자 2020.05.29.

수행평가, 논술, 구술시험 때문에 고민하는 학생들에게 희소식이 있습니다. 조선일보가 '중고교생을 위한 1318 독서 노트'를 만들었습니다. 입시에 꼭 필요한 고전, 철학, 시사 기사와 다양한 질문지를 엮어 만든, 시험을 준비하는 중고교생에게 꼭 필요한 교재입니다. 시험에서 고전 및 철학자의 의견을 곁들이면 더 설득력 있는 답변이 되어 좋은 점수를 받을 수 있기 때문입니다.

노트는 100페이지로 고전, 철학, 시사 파트로 이루어져 있습니다. 고전 파트는 헤르만 헤세의 '수레바퀴 아래서'를 시작으로 13편을 다루고 있습니다. 기사를 읽고 '소개된 책의 줄거리를 적어보기', '책의 내용과 유사한 개인적 경험을 써보기' 등 논술, 구술에 도움이 될 다양한 질문지를 준비했습니다. 철학 파트는 소크라테스부터 존 스튜어트 밀까지 10명의 철학자에 대한 기사를 다룹니다. 마지막 시사 부분은 최근 이슈인 코로나 바이러스를 비롯해 AI(인공지능), 환경 파괴와 경제 개발 등 총 9개의 이슈에 대한 기사를 다뤘습니다.

'1318 독서 노트'를 꾸준히 활용해 자신만의 독서 노트를 만들어보세요.

1318 독서 노트를 활용하면…

① 수능 언어 및 사회탐구 문제 풀이를 위한 기초 지식을 습득할 수 있습니다.

② 교내 수행 평가는 물론 대입 자기소개서에도 활용할 수 있습니다.

③ 고전, 철학, 시사 배경지식을 이해하여 글쓰기(논술)와 말하기(구술)에 도움이 됩니다.

3

모닝글로리,
20년 연속 종합 문구 1위 브랜드

한국경제 민경진 기자 2020.03.31.

모닝글로리는 한국능률협회컨설팅(KMAC)이 주관하는 '2020 한국 산업의 브랜드파워(K-BPI)' 종합 문구 부문에서 20년 연속 1위를 차지 했다고 31일 밝혔다. 모닝글로리는 10년 이상 연속 1위 브랜드에 주어 지는 '골든 브랜드' 인증도 함께 획득했다.

한국산업의 브랜드 파워(K-BPI)는 KMAC가 1999년 국내 최초로 개 발한 브랜드 진단 평가 모델이다. 이번 제22차 K-BPI 조사는 서울 및 6대 광역시에서 소비 활동을 하는 만 15세 이상 60세 미만의 남녀 1만 1,800명을 대상으로 일대일 개별 면접 조사를 통해 실시됐다. 총 231개 산업군의 브랜드를 조사했다.

모닝글로리는 인지도에서 타 브랜드에 비해 높은 평가를 받았다. 구입 의향, 이용 편리성 등으로 평가되는 유통 및 영업 관련 지표인 '구입 가능성'에서도 높은 점수를 받았다.

모닝글로리 디자인 연구소는 제품 기획 단계에서 소비자를 직접 만나 인터뷰하고 설문 조사를 진행하고 있다. 2008년 업계 최초로 소비자 서포터즈를 발족해 제품에 대한 피드백과 소비자 아이디어를 적극적으로 수용해왔다.

모닝글로리 관계자는 "전국민적인 인지도를 갖게 된 것은 누구나 친근감 있고 쉽게 부를 수 있도록 회사의 이름과 브랜드명을 통일시키고, 3,000여 종의 제품을 취급하면서도 통일된 브랜드 이미지를 구축하려고 노력했기 때문이다"고 설명했다.

이 업체는 매달 30~50가지의 신제품을 꾸준히 선보이고 있다. 지난해에는 스타킹과 타이즈 등의 레그웨어를 출시했다. 심플 콘셉트의 '비움 시리즈', 모닝글로리 노트의 스테디셀러 디자인을 여러 학용품에 적용한 '캠퍼스메이트' 시리즈 등도 선보였다.

허상일 모닝글로리 대표는 "조사가 시작된 이래 20년의 세월 동안 단 한 번도 놓치지 않고 소비자의 신뢰와 사랑을 받은 1위 브랜드라는 것이 무척 기쁘고 영광스럽다"고 밝혔다.

4

'히든챔피언' 적극 육성해
청년에게 희망 줘야

한국경제 김민지 생글기자(포항동성고 3년) 2019.05.06.

'히든챔피언'이란 대중에게는 잘 알려지지 않았으나
관련 산업에서 세계적 경쟁력을 보유한 중소기업으로
흔히 강소기업이라고도 부른다.

대한민국 청년이 신음하고 있다. 지난 3월 기준으로 청년 실업률은 10.8%다. 체감 실업률은 무려 25%에 달한다. 청년 4명 중 1명은 제대로 된 일자리를 구하지 못하고 있다는 얘기다. 그런데 한국중소기업학회에 따르면 아이러니하게도 이들 중 38.6%는 "그렇다 해도 중소기업에 취직할 생각은 없다"고 답했다. 청년들에게 중소기업은 회피하고 싶은 직장으로 낙인찍혀 버렸다. 한국의 히든챔피언 기업이 얼마나 빈약하게 분포하고 있는지 극명히 증명하는 사례다.

'히든챔피언'이란 대중에게는 잘 알려지지 않았으나 관련 산업에서 세계적 경쟁력을 보유한 중소기업으로 흔히 강소기업이라고도 부른다. 히든챔피언이 국가에, 특히 청년 일자리 창출에 기여하는 정도는 독일을 통해 확인이 가능하다. 독일은 전 세계 히든챔피언 기업의 절반을 차지하고 있다. 작지만 강한 기업들이 독일 경제를 받치고 있는 셈이다. 독일은 다른 유럽 국가와 비교해 내수 경제도 안정적이다. 우량한 중소기업들이 많은 일자리를 만들어내면서 국내 소비 역시 견실히 유지되고 있다는 얘기다. 독일이 히든챔피언을 통해 창출한 일자리는 약 150만 개이며, 현재도 청년 실업률 개선에 긍정적인 역할을 하고 있다.

한국은 전체 기업 중 중소기업의 비율이 99%(기업 수 기준)에 달하지만 인구 대비 히든챔피언 수는 독일과 비교해 30분의 1도 채 되지 않는다. '중소기업은 모두 근무 환경이 열악하고 임금이 낮다'는 청년들의 편견도 개선해야 하지만 실제로 대기업과 경쟁할 만한 자생력 있는 중소기업을 육성할 필요가 있다. 한국의 히든챔피언은 구직난에 허덕이는 청년들의 눈을 중소기업으로 돌려 청년 취업의 블루오션으로 자리매김할 수 있음을 알아야 한다.

물론 히든챔피언의 육성이 중소기업만을 무조건적으로 보호하자는 말은 아니다. 정부는 대기업과 중소기업의 동반 성장 정책을 펴야 하며, 글로벌 시장에서 자생력을 갖출 수 있는 강소기업을 육성해나가는 데 역점을 둬야 한다. 기업은 나라 경제를 이끄는 '성장 엔진'이다. 불필요한 규제를 없애고, 기업가 정신이 꽃을 피울 수 있도록 정부의 제도적 뒷받침도 필요하다. 기업은 곧 한 나라의 미래다. 견실한 기업이 많은 나라의 국민은 세계 어디를 가도 그만큼 대접을 받는다.

5

'글로벌 캠퍼스'로 거듭난 전문대…
외국인 유학생 2년 새 86%↑

한국경제 박종관 기자 2019.09.25.

4차 산업혁명 시대, 변화하는 전문대
글로벌 인재 양성 '전력투구'

외국인 유학생 몰리는 전문대

인천재능대 글로벌호텔외식조리과를 졸업한 김병조 씨(22)는 올 초 오래전부터 품고 있던 해외 취업의 꿈을 이뤘다. 김 씨는 학교에서 운영하는 채용 전제형 해외 현장 실습 프로그램 덕을 톡톡히 봤다. 영어가 약했던 김 씨에게 실전 영어회화 수업 등으로 구성된 출국 전 사전 교육은 많은 도움이 됐다. 현지에서는 같은 현장실습 프로그램을 통해 5년 전 취업에 성공한 선배가 큰 힘이 됐다. 김 씨는 1개월간 진행된 현장실습 프로그램을 무사히 마치고 호주의 한 일식당에서 정식 조리사로 근무하고 있다.

세계화 시대를 선도하는 글로벌 인재를 양성하기 위해 전문대가 발

빠르게 움직이고 있다. 학생들의 해외 취업 알선은 물론 외국인 유학생 유치를 통한 캠퍼스 글로벌화에도 적극 나서고 있다.

전문대 외국인 유학생 매년 늘어

24일 교육부에 따르면 올해 전문대에 재학 중인 외국인 유학생 수는 1만 1,484명으로 집계됐다. 2년 전(6,163명)과 비교해 86.3% 늘어났다. 학생들이 해외로 나가지 않고도 캠퍼스 안에서 외국인 유학생들과 함께 생활하며 글로벌 역량을 키울 수 있도록 학교 차원에서 적극적으로 외국인 유학생 유치에 나선 결과다.

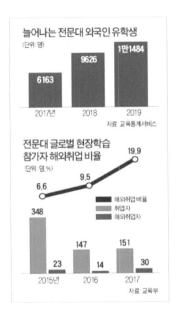

늘어나는 전문대 외국인 유학생
(단위: 명)
6163 · 2017년
9626 · 2018
1만1484 · 2019
자료 교육통계서비스

전문대 글로벌 현장학습 참가자 해외취업 비율
(단위: 명,%)
6.6 / 9.5 / 19.9
348 / 23 · 2015년
147 / 14 · 2016
151 / 30 · 2017
해외취업비율
취업자
해외취업자
자료 교육부

아주자동차대는 2017년부터 핀란드의 자동차 직업학교에서 학생을 선발해 자동차 전문 기술 연수 프로그램을 운영하고 있다. 연수에 참가한 핀란드 학생들은 전기 자동차 이론과 기술, 디자인, 제작 과정 등을 교육받는다. 자동차 산업이 움트고 있는 베트남과 태국, 우즈베키스탄 등에서도 선진 기술을 배우기 위해 아주자동차대를 찾는 학생이 꾸준히 늘어나고 있다.

동아방송예술대는 '방송예술 분야 글로벌 톱대학'을 목표로 미국,

영국, 러시아, 프랑스 등 세계 43개 대학, 40여 개 기관과 학사 교류 및 산학 협력 협약을 맺었다. 이 대학은 교환 학생, 어학연수, 해외 현장실습 및 인턴십 프로그램을 운영하며 적극적으로 외국인 유학생을 유치하고 있다.

해외 취업 알선은 물론 사후 관리까지

극심한 취업난을 겪고 있는 학생들의 해외 취업을 적극적으로 돕는 전문대도 늘어나고 있다. 동원대는 '글로벌 정보기술(IT) 융합 과정'을 마련해 일본 취업을 희망하는 학생들을 지원하고 있다. 이 프로그램은 일본어와 IT 관련 전공 교육, 일본의 기업 문화를 익히는 과정 등으로 구성돼 있다. 동원대 관계자는 "지난해 기준 글로벌 IT 융합 과정을 이수한 학생 중 64%가 일본 취업에 성공했다"며 "매년 해외 취업자가 늘어나는 추세"라고 말했다.

인천재능대는 최근 3년간 170명의 졸업생을 해외에 취업시켰다. 인천재능대 관계자는 "철저한 사전 준비와 사후 관리 프로그램이 높은 해외 취업률의 비결"이라고 했다. 인천재능대는 학생들의 해외 취업을 위해 4단계 '글로벌 엘리트 코스'를 운영하고 있다. '어학 교육－사전 해외 직무교육－해외 현장실습－해외 취업 지원'으로 이어지는 단계적 지원으로 취업 알선은 물론 취업 후에도 지속적으로 학생들을 관리하고 있다.

교육부도 전문대 학생들의 글로벌 역량 강화를 위해 지원을 아끼지 않고 있다. 2005년부터 시작한 '전문대 글로벌 현장학습' 사업은 대학생들에게 한 학기(4~6개월) 동안 전공과 연계된 해외 현장실습 기회를 제공하는 프로그램이다. 참가 학생은 해외 현장실습 참여에 필요한 항공료와 연수비 등을 지원받는다. 2017년 기준 이 현장학습 프로그램에 참여한 뒤 취업한 학생 중 해외 취업에 성공한 비율은 19.9%에 달했다. 2015년(6.6%) 이후 해외 취업자 비율이 늘어나는 추세다.

한류 열풍 타고 교육과정 수출도 활발

한류 열풍을 타고 교육과정을 수출하는 전문대도 늘어나고 있다. 대구보건대는 지난해 해외 맞춤식 케이웨딩(K-Wedding), 케이푸드(K-Food), 케이덴탈(K-Dental) 등 세 가지 온라인 교육 프로그램을 개발해 동남아시아와 중국 대학에 수출하고 있다. 지난 2월에는 필리핀 앙헬레스대 학생 47명과 교수 3명 등 50명이 '케이푸드 트레이닝 프로그램'에 참가했다. 필리핀 현지에서 온라인 수업을 이수하고 한국을 찾은 이들은 한식 조리법을 배우고 한국 문화를 탐방했다.

원광보건대는 2013년 몽골 아치의과대와 의무행정학과 공동 교육과정 개설을 위한 업무협약을 맺었다. 원광보건대는 아치의과대에 의료정보화 실습실을 구축하고, 현장 직무중심 교육과정 구축을 위한 컨설팅을 진행하는 등 몽골 보건의료 분야 고등직업교육 선진화 체계를 마련하는 데 노력하고 있다.

6

82세에 휴대폰 게임 개발…
"디저트 같은 노년을 즐기세요"

조선일보 곽아람 기자 2019.03.28.

노인들의 스티브잡스, 와카미야 마사코

"노년이란 즐거운 거예요. 60세가 지나면 점점 재미있어집니다. 일에서도 벗어나고 자녀 교육도 끝나 지금까지와는 완전히 다른 삶을 살게 되죠. 새하얀 캔버스에 새로운 삶을 그려가는 느낌으로!"

지난 26일 서울 광화문. 와카미야 마사코(84) 씨가 빙그레 웃으며 말했다. 경쾌한 커트 머리에 맑은 피부, 회색 재킷에 받쳐 입은 빨간 스웨터가 선명했다. '노인들의 스티브 잡스'가 그의 별명이다. 82세이던 2017년 노인들을 위한 아이폰 게임 앱을 개발했다. 이를 계기로 그해 6월 미국 애플 본사에서 열린 세계개발자회의에 초대받았다. '세계 최고령 앱 개발자'에게 세간의 관심이 쏟아졌고, 그해 가을엔 일본 정부가 꾸린 '인생 100세 시대 구상회의'의 최연장자 멤버가 되기도 했다. 책 《나이 들수록 인생이 점점 재밌어지네요》(가나출판사)가 최근 출간됐다.

취미인 고토(일본 전통 악기) 연주는 아이패드 앱으로 하고, 엑셀을 이용해 문양을 디자인하는 '엑셀 아트'도 즐긴다. 최첨단 기술을 자유자재로 이용하지만, 60세까지 컴맹이었다. 고등학교를 졸업하고 은행원으로 일했다. 60세 정년퇴직 후 치매를 앓는 90대 어머니를 돌보면서도 세상과의 끈을 놓지 않을 방법을 고민하다 컴퓨터를 구입하고 인터넷 사용법을 배웠다. 인터넷 동호회에 가입하고, 다양한 친구를 사귀었다. 노인들이 스마트폰을 친숙하게 여길 수 있

한 손엔 자신이 개발한 게임 앱이 깔린 휴대전화를 들고, 다른 손으론 엑셀 아트로 디자인한 핸드백을 든 와카미야 마사코. 그는 "'이 나이에 이걸 하면 사람들이 흉보지 않을까?'라는 생각을 버리는 것이 중요하다"고 했다 ⓒ 조인원 기자

는 방법을 궁리하다가 직접 스마트폰 게임을 만들었다. 코딩 입문서를 사 읽고, 동호회에서 만난 프로그래머로부터 강의를 듣는 등 6개월간 고군분투하며 게임을 완성했다. 그가 개발한 게임 '히나단'은 일본 여자아이들을 위한 인형 축제 '히나마쓰리'에서 착안한 것. 그는 "축제 때 인형을 장식하는 단(壇)에 순서대로 인형을 배치하는 게임이다. 전통문화와 연관돼 노인들도 쉽게 접근할 수 있을 거라 생각했다"고 말했다.

고령에도 활발히 활동할 수 있는 원동력은 왕성한 호기심. 41세 때부터 1년에 한 번 이상 해외여행을 한다. 다양한 세계를 만나 고정관념에서 벗어나는 경험이 좋아서다. 패키지여행보다는 혼자 자유 여행하는 편을 선호한다. 현지 사람들의 삶을 엿보고 그들과 교류할 수 있

기 때문이다. 여행할 때도 스마트폰은 든든한 친구다. 구글 번역기를 이용해 현지인들과 의사소통한다. 지금까지 50여 개국을 여행했다. 지난해엔 스코틀랜드와 아일랜드를 다녀왔고, 올해엔 에스토니아와 리투아니아에 갈 계획이다.

또래로서는 드물게 비혼이다. 결혼까지 생각했던 남자친구와 헤어진 뒤 다시 인연을 못 만났다. 그는 "우리 때는 여자가 독신으로 있으면 '야쿠자 같은 여자'라며 손가락질당하곤 했다. 그렇지만 전통적인 가치관에서 벗어난 덕에 '여자다움'이라는 속박에서 풀려나 자유와 가능성을 얻었다"고 했다.

혼자 해외여행을 다닐 만큼 체력이 좋지만 딱히 건강에 신경 쓰지 않는다. 자고 싶을 때 잠들어 깨고 싶을 때 일어난다. 기상 시간이 불규칙하다 보니 식사 시간도 불규칙하다. 뭘 먹을지 고민하지 않고 먹고 싶은 것, 맛있어 보이는 것을 먹는다. 그는 "건강은 삶의 수단일 뿐 목표가 되어서는 안 된다고 생각한다"면서 "미래가 걱정돼 저염식하며 현재를 희생하는 것보다 지금 이 순간 맛있는 된장국을 먹는 게 좋다"고 했다. "'안티에이징'을 한다며 미용에도 신경 쓰는 노인들이 많습니다만, 지는 해를 쫓아가려면 얼마나 힘들겠어요. 인생이 코스 요리라면 노년은 디저트랍니다. 노년이라는 맛있는 디저트를 만끽하며 '인조이 에이징(enjoy aging)' 하는 것이 어떨까요?"

7

창고 하나로 시작해 국내 1위
'직구몰' 키우다

한국경제 안재광 기자 2019.04.04.

'몰테일' 만든 김기록 코리아센터 대표 "올해 상장하겠다"

직구 열풍에 배송 대행 사업 대박

작년 매출 2,000억 원 육박

국내 1위 해외배송 대행업체인 코리아센터의 김기록 대표(사진)는 사업 초기였던 2008년 큰 위기를 맞았다. 막 문을 연 미국 로스앤젤레스(LA) 물류 센터를 사용하겠다는 기업이 한 곳도 나타나지 않았다. 리먼브러더스 파산 이후 불어닥친 글로벌 금융위기 여파가 김 대표에게도 영향을 미쳤다. 당초 한국 온라인몰이 미국에서 상품을 판매할 때 사용할 수 있도록 하기 위해 매입한 LA 물류 센터를 문을 열자마자 닫아야 할 처지였다.

창고에 뭐라도 채워야 했다. 그래서 시작한 게 배송 대행지(배대지) 사업이다. 아마존 등 미국 온라인몰에서 직구(직접 구매)한 소비자가 현지 배송지로 코리아센터의 LA 물류창고 주소를 기입하면 물건을 받아 한국으로 배송했다. 당시는 '해외 직구'란 말이 생소하던 때였다. 국내 배송 대행지 1위 브랜드 '몰테일'의 시작이었다.

궁여지책으로 배대지 사업에 나선 몰테일은 대박을 터뜨렸다. 아마존 이베이 등 미국 온라인몰에서 저렴하게 구입하려는 수요가 폭발적으로 늘어났다.

그로부터 11년. 코리아센터는 미국을 비롯해 일본, 중국, 독일 등에서 7개 물류 센터를 운영하고 있다. 지난해 매출은 약 1,900억 원에 달한다. 올해는 상장을 계획하고 있다.

9개국에 12개 물류 센터 구축

김 대표는 4일 기자와 만나 "화장품, 패션, K팝 굿즈 등 한류 상품을 미국에 수출하려는 다수의 한국 기업이 LA 센터를 활용하고 싶어 한다"며 "연내 한국 상품을 해외에 배송하는 역직구 사업을 본격화할 것"이라고 밝혔다. 2008년 미국에서 해보려 한 사업을 12년 만에 시작하겠다는 것이다.

김 대표는 "특히 한국 화장품 업체들이 미국 등 해외 진출에 적극적"이라며 "이들 기업이 미국에서 온라인몰을 열면 코리아센터가 상품을 보관해주고, 현지 소비자에게 배송하고 반품을 받아주는 등의 역할을 하게 될 것"이라고 말했다.

미국뿐만이 아니다. 김 대표는 "한류 상품 수요가 큰 중국, 동남아시아 등에서도 역직구 사업을 연내 시작할 계획"이라고 했다. 중국은 한국과 가까운 산둥성 웨이하이에 상반기 물류 창고를 연다. 부지 면적만 2만 6,446㎡에 이른다. 지난 2월 새로 연 경기 부천의 물류 센터와 웨이하이 센터가 지리적으로 멀지 않은 만큼 물류비용을 크게 낮출 수 있다는 게 김 대표의 생각이다.

그는 "부천에서 오전에 보내면 웨이하이에서 오후에 바로 받을 수 있는데, 항공편과 견줘 비용은 10분의 1 수준"이라며 "중국에 온라인 몰 형태로 진출하려는 기업엔 상당한 이점이 있을 것"이라고 설명했다.

그는 "대만은 물론 말레이시아, 베트남 등 동남아 시장에도 연내 진출을 계획 중"이라며 "상장을 통해 자금을 조달하면 그 대부분은 해외 사업 확장에 쓸 것"이라고 강조했다

"카카오 합병 논의 진행"

해외 직구와 역직구가 점점 늘면서 코리아센터의 '몸값'도 치솟고 있다. 물류가 국가 간 거래의 핵심 인프라이기 때문이다. e커머스(전자상거래) 업체 11번가가 작년 말 코리아센터 지분 5%를 취득, 전략적 제

휴를 맺은 것도 이런 가능성을 봤기 때문이다.

김 대표는 "카카오와도 합병을 논의 중"이라고 말했다. 합병 가능성은 작년부터 제기됐으나 큰 진전은 없는 상태다. 그는 "거래가 깨진 것은 아니고 서로 어떤 역할을 할지 이견을 좁히는 과정"이라고 말했다. 김 대표는 "카카오와 사업 제휴를 곧 시작한다"며 "카카오에서 메이크샵과 연계한 유통 서비스를 선보일 것"이라고 했다. '메이크샵'은 온라인몰 구축을 대행해주는 코리아센터의 또 다른 사업 브랜드명이다. 현재 3만여 곳이 정기적으로 비용을 내고 메이크샵의 관리를 받고 있다. 카카오 안에 메이크샵 업체가 입점하면 카카오는 한 번에 대규모 판매자를 확보하게 된다

그는 "카카오와 사업을 해보고 잘 맞으면 합병이 탄력을 받게 될 것"이라며 "우선 상장부터 한 뒤 제휴와 협력을 확대해 나갈 계획"이라고 설명했다.

8

'한국에선 절대 안 된다' 소리 듣던 사업 아이템, 신촌에선 대박 난 이유

조선일보 김승재 기자 2019.11.26.

'내 사업' 하고 싶어 5년 다니던 대기업 퇴사

동물성 재료 사용하지 않는 '비건 베이커리' 창업

건강보다 '맛' 추구… 비(非)채식주의자 사이서도 인기

'더브레드블루(THE BREAD BLUE)'는 계란, 우유, 버터 등 동물성 재료를 사용하지 않은 빵을 만드는 '비건 베이커리'다. 달걀도 유제품도 먹지 않는 가장 엄격한 채식주의자인 비건(vegan)들 사이에서 제법 알려진 빵집이다. 스스로 비(非)채식주의자이

문동진 더브레드블루 대표가 신촌 본점 매장에서 '비건 빵'을 든 모습 ⓒ 박상훈 기자

면서 비건을 위한 빵집을 창업한 더브레드블루의 문동진 대표를 만났다.

계란·유제품 안 쓴 '비건 베이커리'

인하대 국제통상학부를 나와 5년간 대림코퍼레이션을 다녔다. 전략 기획과 해외 영업 업무를 맡았다. 회사원이 아니라 내 사업을 하고 싶다는 꿈이 있었던 그는 첫 딸이 태어나기 한 달 전 사표를 내고 창업 준비를 시작했다.

"직장 생활을 하면 평일 낮 시간은 무조건 회사에 얽매여 있어야 하잖아요. 내 사업을 하면 일하는 시간을 조절할 수 있어요. 하루 12시간을 일하더라도, 가족이 나를 필요로 할 때는 시간을 낼 수 있는 거죠. 가족과의 시간을 위해서라도 빨리 창업해야겠다 생각했습니다."

아이템으로 처음부터 '비건 베이커리'를 정했다. 대학 시절 해외 박람회에 여러 차례 참가할 기회가 있었던 게 계기가 됐다.

"해외 식당에 가면 비건 메뉴가 별도로 있는데 우리나라는 찾아볼 수가 없어요. '채식하는 사람은 유별나다'거나 '비건 메뉴는 맛이 없다'는 편견 때문인 것 같더라고요. 창업 아이템을 구상하던 중 비건이 아닌 사람도 맛있게 먹을 수 있는 비건 식품을 만들어보면 좋겠다는 아이디어가 떠올랐어요."

문 대표는 비건이 아니다. 채식주의자도 아니다. 주변에선 '채식도 안 하는 사람이 비건 베이커리를 할 수 있겠느냐'고 우려했다. 동의하지 않았다. 비슷한 질문을 받으면 "약도 환자가 아니라 연구원이 만든다. 비건 빵이라고 해서 꼭 비건이 만들어야 하는 법이 있느냐"고 되물었다. 그는 "비건이 먹을 수 있는 빵이라고 해서 단순히 비건만을 소비자로 생각하지 않는다"며 "유제품에 아토피나 알레르기가 있는 소비자도 먹을 수 있는 '맛있는 비건 빵'을 지향한다"고 했다.

2016년 7월 대림코퍼레이션을 그만두고 1년 준비를 거쳐 2017년 8월 서울 신촌에 첫 지점을 열었다. 우리나라 유행을 선도하는 지역 중 하나로 채식주의자들도 많이 오가는 지역이라 선택했다. 우유 대신 두유, 계란 대신 콩 단백질, 버터 대신 쌀눈유를 써서 빵을 만들었다. 숱한 시행착오를 거쳐 완성한 빵의 종류가 170개가 넘는다.

"빵뿐 아니라 케이크, 아이스크림, 마카롱 등 다양한 제품을 만들고 있습니다. 건강한 식품이란 이미지를 만들기 위해 엄선된 재료만 쓰고 있습니다. 프랑스 밀가루(T-55), 국산 우리밀, 비정제 유기농 사탕수수 등 신선하고 깨끗한 농산물만 사용합니다."

쿠팡 등 새벽 배송 덕에 매출 크게 늘어

비건뿐 아니라 유제품 알레르기가 있는 사람들 사이 입소문이 나면서, 빠르게 확장하고 있다. 서울 서초동에 2호점을 낸 뒤, 롯데 프리미엄 푸드 마켓(잠실·공덕)과 현대 프리미엄 아울렛(송도)에도 입점했다.

서울 구로에 있는 공장에서 빵을 만들어 각 직영점에 공급하며, 온라인 판매도 한다. 마켓컬리와 쿠팡 등에서 판매되며 매출이 크게 늘고 있다. 문 대표는 "마켓컬리의 새벽 배송과 쿠팡의 로켓 배송 덕에 매출의 60%가량이 온라인에서 발생하고 있다"고 했다.

빵 가격은 빠리바게뜨나 뚜레주르 같은 베이커리 프랜차이즈와 비교하면 1.5배 정도로 비싼 편이다.

"계란과 유제품을 쓰지 않는 대신 화학 성분이 들어간 대체재를 쓰는 비건 베이커리가 있어요. 하지만 저희는 오로지 두유, 콩 단백질, 쌀눈유 등 천연 재료만 쓰고 있습니다. 아직은 어쩔 수 없이 대형 프랜차이즈보다 가격이 비싸게 형성되고 있습니다."

사업 초기 4명이던 직원이 26명으로 늘었다. 대부분 생산과 연구 인력이다. 직원들 대부분이 비(非)채식주의자라 빵에 대한 소비자 평가와 조언은 비건 모임에 직접 나가 듣는다.

"사업 초반에는 우유가 든 제품도 팔았어요. 그런데 한 고객이 '그런 식으로 하면 브랜드의 정체성이 무너진다'며 따끔하게 지적하시는 거에요. 바로 유제품을 모두 퇴출시켰습니다. 비건 모임에 나가 고객들 얘기 들으면 생각과 문화 이해하는 데 큰 도움이 됩니다."

"계란 알레르기 있는 내 아이에게 첫 생일 케이크 선물할 수 있어 감사해"

고객에게서 감사하다는 얘기를 들을 때 가장 보람 있다.

"일곱 살짜리 아이 엄마가 찾아와서 생일 케이크를 찾았어요. '정말 계란 안 들어간 게 맞느냐'고 두세 번 되묻더라고요. '그렇다'고 하니 눈물을 글썽이면서 고맙다고 했어요. 자기 아이가 계란 알레르기가 있어서 지금껏 생일 케이크를 한 번도 못 먹어봤다고 하시더라고요. 그때가 금전적으로 정말 힘든 상황이었는데, 그분을 보고 힘을 내서 이겨내야겠단 생각을 했습니다.”

스타트업 대표로서 스스로 꼽는 가장 큰 장점은 '추진력'이다.

“뭘 하나 결정하면 될 때까지 밀어붙이는 데 자신 있어요. 때론 직원들이 힘들어하기도 하지만 그 덕에 지금까지 올 수 있었던 것 같아요.”

마케팅에 능숙하지 못한 것은 아쉽다.

“대기업에서 일하면서 전표 끊는 것 하나하나까지 전반적인 경영시스템을 보고 배웠는데, 마케팅은 약해요. 마케팅을 하지 않는 것이 더브레드블루의 마케팅이라고 얘기하는 직원이 있을 정도니까요. 외부 도움을 받아서라도 적극적으로 해보려고 합니다.”

브랜드 이름에 '블루'를 넣은 것은 순수함을 강조하기 위해서다.

“비건이나 건강이라고 하면 녹색을 많이 쓰는데, 우리가 그걸 또 갖다 쓰면 차별성을 갖기 어렵다 생각했어요. '몸에 해로운 재료는 하나도 넣지 않았다'고 순수함이나 깨끗함을 강조하는 게 낫겠다는 생각이 들었어요. 그걸 나타내는 게 파란색이고 브랜드명도 '더브레드블루'라 지었습니다.”

더브래드블루를 온라인과 오프라인 모두에서 비건 식품의 대표 브랜드로 키우고 싶다.

“소비자들이 '더브래드블루'라는 이름만 들어도 '믿고 먹어도 되는 식품'을 떠올리시면 좋겠어요. 2025년까지 매출 100억 원 기업으로 키우고 싶습니다.”

9

42세 차장을 사장으로 발탁한 '쌍방울'…
무슨 일 있길래?

조선일보 송의달 선임기자 2020.04.13.

입사 4년 차에 두 달 만에 65억 원 매출
지난달에는 '마스크 대박' 낸 김세호
쌍방울 대표의 과감한 '혁신 드라이브'
디지털 격변기 위기의 전통 제조 기업
돌파구 여는 성공 모델로 재계 주목

쌍방울 57년 역사상 최연소
사장인 김세호 대표이사(42)
ⓒ 송의달 기자

'디지털 격변' 바람이 거센 우리 산업계에 아날로그 전통 기업일수록 변화와 혁신은 절실하면서도 힘든 과제이다. 1963년 출범한 전통 내의(內衣) 제조 기업 '쌍방울'이 여기에 승부수를 던졌다.

작년 7월 마스크 사업에 진출하고 11월에는 덩치가 두 배쯤 큰 여성 속옷 기업 남영비비안을 인수한 쌍방울이 지난달 31일, 올해 42세인 김세호 씨를 대표이사(CEO)로 임명한 것이다. 57년 역사상 최연소 사장이다.

2003년 공채로 입사한 김 사장은 쌍방울 한 회사에서만 18년간 일했다. 유명 컨설턴트 출신은커녕 외국 유학이나 연수 경험, 회사 안팎에 특별한 '끈'도 전혀 없다.

국내 500대 기업 대표이사 580명의 평균 연령은 59.5세('CEO 스코어' 올 2월 조사)이다. 포천 500대 기업 CEO의 평균 연령(52.8세, 작년 기준)도 50대 초반으로 10년 전보다 다섯 살 정도 높아졌다. 이런 마당에 쌍방울은 왜 40대 초반의 평범한 샐러리맨을 CEO로 발탁했을까.

이달 7일 오후 서울 지하철 6호선 신당역 8번 출구에서 200m쯤 떨어져 있는 쌍방울 본사를 들어서자 층마다 '쌍방울人의 다짐', '대한민국 민족기업' 같은 글귀들이 보였다.

9층 사무실에서 만난 김 대표는 "작년 11월 사내 모든 직원들을 대상으로 한 '내가 쌍방울의 총괄 경영 부사장이 된다면?'이라는 공모전에서 1등으로 선정돼 부사장으로 특별 승진했고 다시 4개월 만에 사장이 됐다"고 밝혔다.

작년 11월 차장에서 부사장, 사장으로 고속 승진

– 당시 어떤 아이디어를 냈나?

"'새로 오시는 부사장에게 드리는 글'이라는 편지 형식으로 회사의 문제점과 개선 방안을 PPT(파워포인트)에 담았다. '변화가 없으면 이대로 주저앉아 죽는다. 해외 시장과 속옷을 연계한 신사업 개척으로 미래를 대비해야 한다'며 온라인 사업 강화 같은 개선 방안도 제시했다."

― 쌍방울의 문제는 무엇이었나?

"'하던 일만 하면 된다. 새 일 만들지 말고 가만있어라.'라며 안주하는 분위기였다. 제안을 해도 위로 보고가 올라가지 않고 커트 당했다. 디지털이 유통의 대세인데도 작년까지 쌍방울의 제품 유통은 90~95%가 오프라인으로 이뤄지고 있었다."

입사 후 대부분 영업 분야에서 일한 그는 초년병 때부터 조직 문화 혁신을 위한 파격적인 제안을 했다. 한 예로 대리·과장급 실무자를 부서장으로 앉히고 부서장을 현장으로 보내는 유연한 경영 구조를 구축하자고 했다.

― 왜 그런 제안을 했는가?

"진취적인 아이디어를 갖고 있다가도 관리자가 되면 그런 생각을 접고 현실에 동화되는 경우가 너무 많았다. 조직에 새 바람을 불러 넣고 긴장감을 높일 수 있다고 봤다."

김 대표는 부사장 취임 직후 사내 9개 부서장을 모두 과장, 차장급 사원으로 교체했다. 전임 부서장들은 해당 부서의 팀장 등이 됐다. 최근 선임한 이사 2명도 모두 40대이다.

그는 "나를 포함한 부서장 9명과 각 부서마다 1명씩, 즉 회사 총원(196명)의 10% 정도인 20명만 마음먹고 움직이면 회사가 반드시 달라질 것"이라고 말했다.

"빠른 의사 결정과 확실한 동기 부여가 핵심이다"

– CEO로서 어떤 일에 주력할 건가?

"CEO는 신속한 의사 결정과 직원들에게 확실한 동기(動機) 부여만 해주면 된다고 믿는다. 이 두 가지에 집중하려 한다. 특히 의사 결정이 빨라야 새 일도 시도하고, 실패하더라도 달리 도전할 수 있다."

이런 '소신'으로 그는 부사장 취임 후 새 성장 사업인 '마스크'를 직접 챙겼다.

올 2월 중국 지린성 연변 주정부와 미세 먼지 필터 장착 마스크 350만 개 공급 계약을 체결했고 지난달에는 태전그룹 계열사 오엔케이와 연말까지 마스크 1,740만 개 공급 계약을 맺었다. 계약 금액(124억 원)은 작년 총매출액의 13%에 육박하는 '대박'급이다.

방유선(40) 사업부장은 "마스크 제품 기획부터 결재, 입고까지 예전 같으면 한 달 정도 걸렸지만 이번에는 2주일 만에 모두 끝냈다"고 말했다. 김 대표의 속도감 있는 의사 결정과 집중력이 빛을 발한 것이다.

또 3개월마다 우수 사원 3명(또는 팀)을 선정해 1,000만 원의 상금을 주기로 했다. 6~7개이던 결재 단계는 4~5개로 줄이고 정례 회의를 모두 없앴다. 대신 일일(日日) 사내 경영 정보를 공유하면서 '구두 보고'를 권장한다.

그가 입사 2년 차 햇병아리 사원이던 2004년, 회사는 매달 3명씩 우수 영업 사원을 뽑아 시상했다. 그런데 김 대표는 12개월 가운데 11개월 상(賞)을 받았다. 4년 차이던 2006년에는 두 달 만에 65억 원어치의 속옷을 팔았다.

"더 많이 궁리하고 부지런하게 뛴 게 성공 비결"

– 어떻게 그런 실적을 냈나?

"더 많이 궁리하고 더 부지런하게 움직였다. 영업 지역이나 거래처가 바뀔 때마다 전임자들의 영업 방식을 분석한 다음, 그들이 하던 것보다 한두 개를 꼭 더하려고 했다. 저녁 후 곧장 거래처로 가서 3~4시간 같이 물건 팔다가 함께 문을 닫고 퇴근하는 생활도 많이 했다. 이렇게 했더니 비싸도 우리 제품을 훨씬 더 많이 팔 수 있었다."

그는 "입사 후 지금까지 하루 5시간 이상 잠을 잔 적이 없다"며 "작년 말부터는 하루 3시간으로 줄였다"고 했다. 10여 년 전부터 철인 3종 경기에 매년 출전했고 최근에는 산악 장애물 달리기로 체력을 단련한다.

– 목표가 사장이었나? 왜 그렇게 열심히 사는가?

"도전하고 한계를 깨는 걸 좋아한다. 입사 초부터 직장 생활을 마지못해 하지 않고 즐기면서 열심히 하겠다고 마음먹었다. 다른 사람이나 경쟁사에 지는 것을 싫어해 1개라도 더 팔려고 했다."

– 좌우명이 있나?

"'오늘이 내 인생의 첫날이다.(Today is the first day in my life)'라는 말을 마음에 새기고 있다. 아무리 힘들어도 포기하지 않고 위기가 기회라고 생각한다."

– 20~30대 사원들에게 선배로서 충고한다면.

"주어진 일을 완수하는 한편 자기 계발에 노력해 '나만의 무기'를 가지라고 얘기한다. 준비하면 반드시 기회가 온다."
그는 "2010년부터 2년간 야간 과정으로 대학교 중국어과에 등록해 중국어를 마스터했다"고 했다.

"디지털 격변기, 전통 기업들 주목할 만한 시도"

TRY(트라이), 히트업, 쿨루션 등 13개 브랜드를 갖고 있는 쌍방울은 2000년대 초반 매출 2,000억 원에 영업 이익률 30%의 우량 기업이었으나 지금은 매출 1,000억여 원에 영업 이익률은 3%대로 쪼그라들었다.

하지만 김 대표는 "아무런 시도도 않다가 죽을 수는 없다는 공감대가 형성돼 있다. 모든 사원들과 한마음이 돼 제2의 전성기를 이루고 싶다"고 했다.

김경준 딜로이트컨설팅 부회장은 "쌍방울의 40대 초반 사장 발탁은 김세호 사장 개인이나 한 기업의 성공 실패 차원을 넘어 디지털 전환 격랑기에 조직 문화 혁신을 고민하는 한국의 모든 전통 기업들이 진지하게 주목할 필요가 있는 의미 있는 시도"라고 말했다.

10

문경 귀촌 택한 KT맨,
오미자·사과 수제 맥주로 연 매출 10억

한국경제 FARM 김형규 기자 2019.11.30.

배주광 가나다라브루어리 대표

농림축산식품부 'A-벤처스' 선정
내년엔 1만여㎡ 공장 신설 계획

서울에서 정보기술(IT) 기업에 다니다 생활 근거지를 고향도 아닌 곳으로 옮긴 뒤 3년 만에 매출 10억 원을 넘보는 수제 맥주 업체를 일군 젊은 귀농인이 있다. 배주광 가나다라브루어리 대표(43 · 사진)가 주인공이다.

그는 KT에서 마케팅을 담당하는 평범한 직장인이었다. 마음 한편에 늘 창업에 대한 욕망이 있었다. 경북 문경으로 귀농해 수제 맥주 회사를 창업하게 된 건 우연이었다. 아버지의 소개로 문경의 양조사를 만나게 된 것이 계기였다. 문경 특산물인 오미자를 원료로 한 '오미자 맥주'를 알게 됐고 양조사와 대화하면서 '돈이 되겠다'고 생각했다. 해외 수제 맥주가 장악하고 있는 국내 수제 맥주 시장을 문경 브랜드로 파고들 수 있겠다는 판단이 섰다고도 했다. 그의 귀농은 이처럼 농업의 사업적 가능성에서 비롯됐다.

배 대표는 양조사들과 함께 '문경새재 페일에일', '오미자 에일', '점촌 IPA' 등 지역색이 물씬 풍기는 브랜드를 선보였다. 지역 양조사들을 채용해 문경 특산물인 오미자 고유의 맛을 최대한 뽑아내는 데 주력했다. 최근엔 문경의 또 다른 대표 작물인 사과를 활용해 '사과 한 잔'이라는 술도 개발했다. 물, 효모만 이용해 사과가 가진 고유한 맛을 그대로 살린 탄산 사과주다. 문경 사과는 당도가 높아 따로 설탕을 넣지 않아도 된다. 이 제품은 사과즙에 포함된 끈적한 탄수화물 중합체인 펙틴을 제거하는 기술이 적용됐다. 제조법 특허까지 출원했다. 배 대표는 "젊은 층의 소비 패턴과 취향을 공략하기 위해 맥주 도수는 4.5도 안팎으로 낮췄다"고 말했다.

수제 맥주 붐이 일면서 창업 3년째인 올해 매출은 10억 원에 이를 것으로 추정되고 있다. 작년의 두 배다. 1만 1,000㎡ 규모의 공장 신설도 준비 중이다. 이런 성과를 바탕으로 가나다라브루어리는 농림축산식품부가 선정하는 10월의 'A-벤처스'에 뽑혔다. A-벤처스는 농업(agriculture)과 벤처기업(ventures)을 합친 말로 우수한 농식품 업체를 선정하는 프로그램이다.

이 회사가 대부분 문경 지역에서 나오는 농산물을 원료로 사용하면서 지역 농가에도 상당한 도움이 되고 있다. 사과 매입량은 지난해 5t

에서 올해 30t으로 늘렸다. 문경에서 연간 4만t가량의 사과가 출하되는 점을 감안하면 적지 않은 물량이다. 무엇보다 지역 농산물 판로가 다양해졌다는 점이 농가들엔 희망적이다. 올해처럼 풍년이 들어 사과 가격이 폭락하는 상황에선 더욱 그렇다. 가나다라브루어리 같은 지역 농식품 기업이 많아지면 풍년이 들 때마다 많은 세금을 투입해 작물을 수매하는 관행도 바뀔 것으로 전문가들은 예상하고 있다. 배 대표는 "한국 농업에 가장 필요한 것은 산업 생태계"라며 "원물 재배와 제조 단계 사이에 중간 공급망이 많아져야 농식품 산업이 클 수 있다"고 말했다.

배 대표는 문경 식당, 술집 등을 돌아다니며 직접 거래처를 발굴했다. 초창기엔 이름 없는 맥주라며 거절당하고, 초기 품질 관리에 실패해 쓴맛을 본 적도 있다. 지금은 호텔, 유명 레스토랑, 펍 등 300여 곳에 납품하고 있다. 건물 전체가 한옥 스타일로 이뤄진 가나다라브루어리 양조장은 문경에 오면 꼭 들러야 하는 관광 명소 중 하나로 꼽힌다. 매년 찾아오는 방문객은 1만 2,000명가량이다. 양조 과정을 보여주고, 시음도 할 수 있는 체험형 매장이다.

11

전국 최고의 승마장 말 달리자~
용인 포니클럽 최태훈 대표·박선영 실장 부부

용인신문 박숙현 기자 2020.05.11.

어린이 승마를 개척한 승마 산업의 청년주자로서 전국에서도 앞서나가는 승마장을 운영하고 있는 용인 포니클럽 최태훈(34) 대표와 박선영(34) 실장. 이들은 최고의 콤비를 자랑하면서 양지IC 근처 평창리에서 용인의 승마 산업을 이끌고 있는 청년 부부 CEO다.

이들은 현재 승마장을 운영하면서 국내산 승용마 생산부터 사육, 마필 조련, 분양에 이르기까지 활발한 말 산업을 펼치고 있다. 현재는 애견용 말고기 사료 사업에도 진출했다.

현재 말 30필의 큰 규모를 갖추고 있는 용인 포니클럽은 전국 최초의 어린이 승마 클럽으로 유명한 곳이다.

2014년에 어린이 승마 체험장으로 오픈해 2017년 어린이 전용 용인 포니클럽을 개장하면서 전국의 어린이 고객들을 주요 고객으로 맞이했다.

현재 어린이 고객이 80%, 성인 고객이 20%를 차지하면서 화기애애한 가족형 승마 클럽으로 운영 중이다.

부부는 말 산업과 관련한 획기적 아이디어와 뛰어난 감각으로 우리나라 승마 산업의 새로운 이정표를 견인해 내고 있는 승마 산업의 선두주자다.

두 부부가 말을 접한 것은 2012년 데이트 시절로 거슬러 올라간다.

당시 건축학을 전공한 박 실장은 설계 사무실에서 과도한 업무에 시달리며 몸도 마음도 많이 지친 상태였다. 스키를 전공한 최 대표는 대학에서 교양 과목으로 승마를 접했던 인연이 있었지만 당시 스키 강사로 일하고 있었다.

두 사람은 레저의 일환으로 해안가에서 승마 레슨을 받다가 승마에 관심이 있던 최 대표가 "말이 새끼를 낳으면 어떨까"라며 축산업에 도전하자고 했다. 최 대표한테는 이미 빅피쳐가 있었다. 사업 계획서까지 짜놓은 상태였다.

취미는 물론 재테크로도 손색이 없다는 계산하에 의견 일치를 통해 포니 성마 2마리, 새끼 1마리 등 3마리를 구입했다.

클럽 운영 안주하지 않고 말 산업 블루오션 개척
국내산 승용마 생산·사육·마필 조련·분양 유명세

애견용 말고기 사료 사업 진출… 끊임없는 도전

최 대표 부친의 집 마당에 축사를 마련하고 키우면서 틈나는 대로 탔다. 이때부터 두 사람은 승마도 하고 말도 키우면서 데이트를 했다. 그러던 중 망아지가 태어나 기쁨이 컸으나 말을 키우자니 생각보다 사료 값이 엄청났다.

사료 값이라도 벌기 위해 최 대표가 주말에 용인, 안성 등지의 캠핑장을 돌면서 캠핑객들에게 말을 태워주는 이동식 체험 사업에 용감하게 도전했고 이때부터 두 사람은 일을 함께하기 시작했다.

최 대표 부친이 사준 1톤 트럭에 직접 칸막이를 만들어 말을 싣고 돌아다녔다. 처음에는 캠핑장을 알아보고 전화로 약속을 했으나 곧 입소문이 나면서 계약하는 캠핑장이 늘어났다. 그렇게 소득이 생겨나기 시작했다.

결혼 후 작은 포니를 콘셉트로 어린이 승마장을 구상했다.

당초 대형 말이 아닌 포니로 시작했기 때문에 어린이를 대상으로 한 승마장 운영이 용이했다. '왜 승마는 큰 말로만 해야 하나'라는 단순한 발상의 전환이 어린이 승

마 사업으로 연결된 것이다. 어린이 승마장이 없던 당시 '어린이를 대상으로 하면 잘될 것'이라는 생각을 하게 된 것 역시 발상의 전환이었고 뛰어난 사업적 감각이 아닐 수 없다.

"말을 탄 사람들은 다 웃었어요. 즐거운 직업이 될 것임을 느꼈어요."

두 부부는 자력으로 마련한 1,000여 평의 임대 부지에서 사업을 시작했다. 어린이 승마 체험장은 처음부터 잘됐다. 어린이날을 개장 첫날로 잡아 무료 승마 체험 현수막 몇 장을 걸었을 뿐인데 어린이들이 구름떼처럼 밀려들었고 이들이 고객으로 자리 잡았다.

최 대표가 다양한 게임 등 새로운 이벤트까지 고안해내면서 즐겁고 편안한 분위기가 소문나기 시작했다. 현재는 재활 승마, 찾아가는 승마 체험, 이벤트 행사장, 마필 대여 등 다양한 프로그램도 진행하고 있다.

더구나 이곳에서 체계적으로 승마를 배운 회원과 유소년 선수들이 다수의 전국 승마 대회 참가와 수상을 하게 되니 곧 전국의 승마 명소로 자리 잡게 됐다. 현재 국가 대표를 꿈꾸면서 승마를 배우는 어린이도 있다. 좋은 말을 사기 위해서 오는 고객들도 있다.

이들 부부는 돈을 벌면 말을 사고 청년 정책 자금 등을 활용해 승마 사업을 확장해 나갔다. 현재는 3,000여 평의 부지를 확보해 현재 알찬 사업을 펼쳐나가고 있다.

이들 부부는 말 산업의 선두주자로서 다양한 계획과 실천에 나서고 있다.

현재 혈통 좋은 승용말 생산을 시도해 내년이면 10마리의 말이 태어난다. 이들 부부는 이렇게 좋은 말을 만들어 수출도 하고 싶어 한다. 뿐만 아니라 미개척 분야인 승용마 시장에도 도전하고 싶어 한다. 경주마와 승용마는 육성과 훈련에 엄연히 차이가 있는데도 우리나라 승마 시장에선 퇴역한 경주마를 활용한 탓에 돌발적 상황이 언제든지 벌어질 수 있기 때문이다.

특히 청소년 직업학교를 짓고 싶어 한다. 청년 취업이 어려운 요즘 취업률 100%를 확신하고 있다. 그러나 숙박 시설 등을 갖추는 데 행정적 난관이 따른다.

전국에서 최초로 말 사업자 가운데 융복합 사업자 인증을 받았을 정도로 주목받는 승마장으로 성장시킨 두 부부.

이들 부부는 앞으로 말 100마리 정도의 농장으로 규모를 확대하고 국제 승마장도 운영하고 싶어 한다. 그렇게 된다면 주변 상권도 살리면서 파급 효과가 클 것으로 예상된다. 그 밖에도 획기적인 사업 구상이 많다. 말 산업 발전에 기여하게 될 청년 부부의 놀라운 계획들이 하나하나 순조롭게 추진돼 나갈 수 있기를 기대한다.

12

기업들 '포스트 코로나' 패러다임 다시 짠다

한국경제 황정수 산업부 기자 2020.06.08.

'before corona' 시대 경영 키워드는 잊어라

토머스 프리드먼 뉴욕타임스 칼럼니스트는 신종 코로나바이러스 감염증(코로나19) 이후 세계가 'BC(before corona)'와 'AC(after corona)'로 나뉠 것이라고 전망했다. 코로나19 임팩트가 정치, 경제, 사회 등 모든 영역에 큰 변화를 불러올 것이란 얘기다. 기업 경영 분야는 벌써 직접적인 영향을 받고 있다. 애플 등 글로벌 기업들은 마케팅, 생산, 인사, 채

〈신입 공채도 온라인 시험〉 지난달 30~31일 삼성의 신입 사원 공채 필기시험인 삼성직무적성검사(GSAT)가 온라인으로 치러진 가운데 경기 화성시 삼성전자 사업장에 마련된 고사 본부에서 감독관들이 원격으로 수험생을 실시간 감독하고 있다. 코로나19 사태로 입사 시험도 온라인으로 진행되는 등 기업의 모든 경영 전략이 바뀌고 있다 ⓒ 삼성 제공

용 등 전반적인 분야에서 새롭게 전략을 짜고 있다.

삼성, 현대자동차, SK, LG, 롯데 등 국내 대기업들도 발 빠르게 움직이고 있다. 공급망 관리(SCM) 전략을 다시 검토하는 게 대표적인 사례다. SCM은 부품 조달, 생산, 유통 등 전 과정을 연계해 최적화하는 경영 시스템이다. 중국, 인도 등 특정 지역에 몰려 있는 공장이 코로나19 여파로 한 달 이상 멈춰 서면서 생산과 판매 등에 막대한 차질을 겪어서다.

위험 관리의 중요성도 커졌다. 지금까지 많은 기업은 이윤을 얻기 위해 위험을 무릅쓰고 적극적인 투자에 나섰다. '하이(high) 리스크(위험) 하이 리턴(이익)'에 근거한 판단이었다. 코로나19로 위험 상황에 대비하지 않으면 생존이 어려워질 수 있음을 깨닫게 됐다. 기업들은 다양한 시나리오를 준비해 놓고 이익은 다소 포기하더라도 위험을 최소화할 수 있는 방안에 무게를 두고 있다.

자국 우선주의, 지역 경제 블록화(전 지구적인 세계화가 아니라 북미, 남미, 유럽, 동아시아 등으로 경제 블록이 나뉘는 현상) 추세가 강화될 것이란 전망도 나온다. 이런 추세는 도널드 트럼프 미국 행정부의 보호 무역주의와 자국 우선주의 영향으로 고개를 들기 시작했다. 코로나19 확산에 따른 이동 제한과 개별 국가의 자급자족 추세 때문에 가속화할 것으로 예상된다.

채용, 근무 형태 등 인사 제도 전반에도 변화가 불가피해졌다. 직원 근무 형태와 관련해선 '재택근무 확산'이 진행되고 있다. SK이노베이션은 지난달 18일부터 일부 부서를 대상으로 '1주 출근, 3주 재택근무'

제도를 시범 도입했다. SK는 오는 8월 최태원 회장이 주재하는 이천 포럼에서 재택근무 결과를 전 계열사와 공유할 계획이다. 롯데지주는 재택근무제를 정식 도입했다. 주 5일 중 하루는 의무적으로 재택근무를 해야 한다.

13

성공 열쇠는 변하려는 의지···
'내가 최고'란 생각 버려야

한국경제 황정수 기자 2019.10.31.

혁신 성공한 中企 사장들의 조언

'삼성식 혁신'에 나선 중기 CEO들의 조언

- 협업하는 삼성전자 직원을 믿어라
- 혁신하려는 내용을 적극 알려라
- 소극적인 임직원을 설득하라
- 직원들에게 혁신 의지를 심어줘라
- 투자금을 아까워하지 말라

삼성전자의 스마트 공장 지원 사업에 참여한 모든 중소기업이 성공하는 건 아니다. 지원 사업이 생산성 향상의 '지름길'을 알려줄 수 있지만 '보증 수표'를 끊어줄 순 없기 때문이다. 현장을 뛰고 있는 삼성 전문가들이 가장 중요하게 생각하는 성공의 열쇠는 '변하려고 하는 의지'다. 익숙함에서 벗어나 새로운 목표를 향해 끝없이 도전해야 비로소 '생산성 향상'이란 열매를 맛볼 수 있다는 것이다.

지원 사업의 과실을 맛본 중소기업 사장들의 생각도 다르지 않다. 배종윤 오토일렉스 사장은 지원 사업에 참여하는 중소기업 대표들의 첫 번째 덕목으로 '신뢰'를 꼽았다. 그도 처음부터 삼성에서 나온 전문가들을 100% 믿은 건 아니다. 2016년께 A 공공단체가 소개한 스마트 공장 구축 프로그램에 참여했다가 수천만 원을 날린 경험이 있어서다. A 단체는 조류 부화기 완제품을 생산하는 오토일렉스에 부품 업체에 적합한 ERP(전사적자원관리) 시스템을 소개했다. 당시 구축한 ERP는 무용지물이 됐다. 배 사장은 "A 단체 사람들은 두세 번 공장을 방문하고선 스마트 공장 사업을 끝냈다"며 "이에 비해 삼성 전문가들은 두 달간 매일 공장에 나와 회사 문제를 파악하고 가장 적합한 개선책을 제시했다"고 설명했다.

삼성에 '원하는 것'을 먼저 알리는 적극적인 자세도 필요하다. 농기계 모듈 생산 업체 동성사의 정철영 사장은 평소 '협력사의 역량도 함께 올라가야 한다'는 생각을 하고 있었다. 지난 7월 지원 사업에 참여하며 '협력사도 지원해달라'고 삼성에 요청했다. 삼성은 동성사 협력 업체에도 '재고 현황 실시간 파악 시스템'을 구축해주는 등 품질·원가 관련 경쟁력 향상을 위한 노하우를 제공했다.

스마트 공장 지원 사업에 소극적인 임직원을 다독이고 이끌어가는 일도 중소기업 최고 경영자(CEO)의 중요한 역할 중 하나라는 게 전문가들의 설명이다. 사업 참여 경험이 있는 사장들의 얘기를 종합하면 초기엔 대다수 임직원이 '하던 대로 하는 게 좋다' 또는 '내가 최고'란 생각을 하고 삼성에서 나온 전문가들에게 '시큰둥'한 반응을 보인다. 배 사장은 "사장이 나서 임직원을 설득하고 다독이지 않으면 사업에 속도가 붙지 않는다"며 "'우리도 변할 수 있다'는 자신감을 심어줘야 한다"고 했다.

아연 도금업체 동아플레이팅의 이오선 사장은 "'투자금을 아까워하지 말아야 한다"고 조언했다. 스마트 공장 구축 사업비의 60%는 1억 원 한도에서 삼성과 정부가 지원하지만, 나머지는 해당 기업이 조달해야 한다.(상시 근로자 9인 이하 기업은 예외) 이 사장은 "스마트 공장을 구축하면 돈을 더 많이 벌 수 있다는 믿음을 가져야 한다"며 "지원금이 5,000만 원이라면 회사는 1억 원 이상 쓰겠다는 각오가 필요하다"고 강조했다.

4장

세계 곳곳을 누비는
수출역군들

해외시장 개척 및 해외진출의 경우 상대국의 역사, 문화, 환경, 국민성, 국민 정서, 관습, 기호, 금기 사항 등을 포함하여 각종 규제 및 법적인 문제 등을 사전에 파악해야 할 것입니다.

1

3,000명이 우르르…
러시아에서 인기 장난 아닌 한국인

조선일보 글 jobsN 임현진 2020.06.18.

유튜브 스타 민경하 씨

'러시아의 유재석' 세르게이 스틸라빈과 운명적 만남

한·러 가교 되는 민간 외교관 꿈꿔

유튜버 민경하 씨 ⓒ 본
인 제공

러시아에서 연예인 못잖은 인기를 누리는 한
국인이 있다. 한국인 최초로 유튜브에서 러시
아어 채널을 만들었다. 한국 문화, 역사, 뷰티,
패션, 언어 등 한국 관련 콘텐츠를 러시아어로
소개한다. 현재 구독자는 65만 명, 인스타그램
팔로워는 19만 명에 달한다. 특이한 점은 구독
자 90%가 러시아 등 현지 네티즌이라는 것이
다. 러시아 유명 블로거와 연예인이 만남을 바
랄 정도로 러시아에선 인기 스타다. 유튜브 채널 'KYUNGHA MIN'
을 운영하는 유튜버 민경하(29) 씨를 만나 이야기를 들어봤다.

─자기소개해 주세요.

"유튜브 채널 'KYUNGHA MIN'을 운영하는 민경하입니다. 5년째 유튜버로 활동하고 있어요. 한국어, 한국 문화 관련 콘텐츠를 러시아 어로 전하고 있습니다."

영어, 러시아어, 일본어, 아프리카어 4개 언어 능통자

중앙대학교에서 러시아어를 전공한 민 씨는 어렸을 때부터 외국 생활을 오래 했다고 한다. 한국, 영국, 필리핀, 러시아, 아프리카에서 유년 시절을 보냈다. 여행을 좋아해 지금까지 돌아다닌 나라만 50개국에 달한다.

"영국에서 대학원을 다니시던 아버지를 따라 어릴 땐 영국에서 살았어요. 중학교 땐 방학 때마다 필리핀에서 지내면서 영어를 배웠어요. 일본어는 10살 때부터 했습니다. 역사를 배우면서 일제 강점기 때 일본이 저지른 만행을 알았죠. '직접 사과받아야겠다'는 마음에 일어를 배웠습니다. 고등학교 때 JLPT(Japanese Language Proficiency Test: 일본어 능력 시험) 1급을 취득하기도 했어요. 대학생 땐 휴학한 후 아프리카 케냐와 탄자니아 국경에 있는 나망가에서 6개월간 지냈습니다. 보육원에서 봉사 활동을 하면서 아이들에게 영어를 가르쳐주고 다른 나라의 문화를 소개했어요. 한국에 대한 이야기를 들려주기도 했습니다. 그때 아프리카 토속어인 스와힐리어를 익혔습니다. 러시아 어는 대학생 시절 배웠습니다. 열심히 공부해 교환 학생 기회를 얻었어요. 블라디보스토크와 우수리스크에서 공부했습니다.

어릴 때부터 여행도 많이 다녔어요. 아빠께서는 학교 공부도 중요하지만 여행을 하면서 견문을 넓히는 게 더 중요하다고 하셨어요. 어릴 때부터 외국 생활을 하면서 외국인들을 만나서 이야기하는 데에 거리낌이 없었어요. 새로운 문화를 알아가고 사람 만나는 게 즐거웠습니다. 대학 시절 터키, 불가리아, 세르비아, 알바니아, 보스니아 등을 6개월간 혼자 여행했습니다. 히치 하이크를 하고 교환 학생 하며 만난 친구들 집에서 묵으면서 지냈어요. 다양한 국적의 사람을 만나는 게 재밌었어요. 그때는 마케도니아에서 게스트 하우스를 여는 게 꿈이었습니다."

'러시아의 유재석' MC 세르게이 스틸라빈과의 운명적인 만남

그러던 중 평범한 대학생이던 민 씨의 인생을 바꾼 일이 일어났다. 교환 학생 시절 2014년 소치 동계올림픽 통역관으로 봉사 활동을 했을 때였다. '러시아의 유재석'으로 불리는 MC 세르게이 스틸라빈과 우연히 마주친 것이다.

2014년 민 씨가 러시아의 유명 MC인 세르게이 스틸라빈(오른쪽)과 인터뷰하고 있다. ⓒ 본인 제공

"올림픽 스타디움 주변을 돌아다니고 있었어요. 갑자기 덩치 큰 러시아 아저씨 두 명이 카메라를 들이대면서 '넌 누구냐'라고 했어요. 보통 사람들은 자원봉사자나 통역가라고 대답했을 텐

데 '저는 한국인이에요.'라고 답했습니다. 또 '당신들은 누군데요?'라고 러시아어로 되물었어요. 주변 사람들이 깜짝 놀라더라고요. 그중 한 명이 러시아의 유명 라디오 프로그램인 '마약(Mayak)'의 MC였어요. 유튜브 구독자는 100만 명에 이릅니다. 러시아어로 한국과 평창에 관해 이야기를 했습니다. 이후 유튜브에 이 영상이 올라갔는데 러시아 사람들 사이에서 큰 인기였다고 해요. '이 여자를 찾아내라', '찾아서 1시간 인터뷰해 달라.'라는 댓글이 달려 있더라고요. 전 전혀 몰랐어요. 올림픽이 끝나고 교환 학생을 마친 후 바로 귀국했거든요.

2년 후인 2016년, 세르게이 스틸라빈으로부터 인스타그램 메시지가 왔어요. '모스크바 쇼에 초대하고 싶다'는 내용이었어요. 정말 깜짝 놀랐습니다. 당시 고려인 친구가 운영하는 유튜브 채널에 출연해 제 유튜브 채널이 조금씩 알려지기 시작했을 때였어요. 영상을 본 러시아 네티즌들이 절 찾아낸 거죠."

민 씨는 곧장 모스크바로 날아갔다. 러시아에서 유명한 한국 음식들을 직접 소개해야겠다는 생각에 매운 라면, 소주, 초코파이 등을 챙겼다.

"생방송에서 한국의 보드카라면서 소주를 소개했어요. 매운 라면인 불닭볶음면을 직접 끓이기도 했죠. 진행자들이 라면을 먹고 너무 매워서 소리를 지르더라고요. 옆에 또 다른 진행자가 '너무 매우니까 이거라도 마셔라'라면서 소주를 따라 줬어요. 맵고 쓰니까 더 난리가 났죠. 그 영상이 대박이 났어요. 다음 날에도 출연을 초대받았습니다."

2016년 러시아 인기 라디오 방송 프로그램 '마약'에 출연해 스태프들과 사진을 찍었다 ⓒ 본인 제공

방송 이후 러시아 네티즌의 반응은 뜨거웠다. 유창하지 않은 러시아어로 당차게 설명하는 그의 모습에 매력을 느낀 것이다. 유튜브 채널 독자 수가 1만 명 이상 늘었다. 또 러시아의 인기 블로거, 유튜버, 연예인들이 먼저 연락을 해왔다. 러시아 최대 포털 사이트인 메일루(Mail.Ru)에 그가 소개되기도 했다. '러시아의 인순이'로 불리는 유명 가수인 아니타 최(Anita Choi)가 행사에 민 씨를 직접 초대하기도 했다. 이후 민 씨는 본격적으로 유튜버 활동을 시작했다. 한국 문화, 역사, 뷰티, 패션, 언어 등을 러시아어로 소개한다.

독자와 함께 만들어가는 콘텐츠

민 씨의 유튜브 구독자 중 90%가 러시아, 카자흐스탄 등 현지 네티즌이다. 공항에서부터 팬들이 몰린다. 그를 만나러 한국을 찾는 팬도 있다. 작년 10월 러시아에서 연 팬 모임에는 3,000여 명의 현지인이 몰렸다. 러시아 유명 블로거와 연예인들도 민 씨를 만나고자 따로 연락해 올 정도다.

– 현지에서 인기가 많은 이유는 무엇이라고 생각하나요.

"친구처럼 편안하고 꾸미지 않은 모습을 좋아해 주시는 것 같아요.

190

러시아어가 완벽하지 않아도 틀리는 걸 두려워하지 말자고 생각했습니다. 간혹 틀려도 귀엽다면서 좋아해 주세요.

얼마 전 광고 영상을 찍은 적이 있어요. 많은 돈을 들여 좋은 장비로 찍었어요. 높은 퀄리티의 영상인데도 조회 수가 가장 적게 나왔습니다. 댓글을 보니 '우리가 알던 친근한 경하가 아니다', '너무 낯설고 거리감이 느껴진다'라는 반응이었어요."

— 영상 제작 방법, 기간, 콘텐츠 주제 선정 과정 등이 궁금합니다.

"첫 영상은 8시간 동안 찍었습니다. 편집하는 방법을 몰라서 6분짜리 영상을 그대로 올렸죠. 독자들이 계속 도와줬어요. 고칠 부분이나 영상 제작 노하우 등을 댓글로 알려줬어요. 지금은 영상을 찍고 편집하는 데 1시간 30분 정도 걸립니다. 휴대전화로 찍어요. 영상 촬영과 편집에 공을 들이기보다는 나 자신이 콘텐츠가 되어야 한다고 생각합니다. 진정성 있게 다가가려고 해요.

사회 이슈, 메이크업, 패션, 음식 등 모든 주제를 다룹니다. 독자들과 함께 콘텐츠를 만들어나가고 있어요. '다음엔 어떤 영상을 만들까요?'라고 물어봐요. 댓글을 보고 아이디어를 얻습니다. 독자들이 좋아할 만한 주제로 유용한 정보를 담아 콘텐츠를 만듭니다. '한국 사람들은 왜 김치를 먹냐?', '왜 바닥에서 자냐?' 등을 물어봐요. 김치나 온돌의 유래, 역사 등을 공부하고 독자들이 궁금해하는 부분을 최대한 알려주려고 해요. 올바른 정보를 알려주기 위해 자료 조사나 역사 공부를 꾸준히 합니다.

또 서울, 부산뿐 아니라 태백, 보령, 영월 등 우리나라 구석구석을 다니면서 숨은 명소를 소개하기도 해요. 독자들이 영상을 보고 우리나라를 방문했다고 할 때마다 뿌듯합니다. 한국어를 배우고 싶어 하는 러시아인을 위해 한국어 강습도 합니다. 영상은 초기엔 일주일에 3개씩 올렸어요. 지금은 일주일에 한 번씩 주기적으로 올리고 있습니다."

−가장 높은 조회 수를 기록한 영상은요.

"러시아식 메이크업을 받고 서울 홍대 거리를 걸었던 영상이 가장 조회 수가 높아요. 228만 회에 달합니다. 러시아의 유명 메이크업 아티스트가 한국에 왔을 때였어요. 메이크업을 직접 해주고 싶다고 해서 만났어요. 눈두덩이에 포인트를 준 러시아식의 진한 메이크업을 받았습니다. 그 상태로 대낮에 서울 홍대 길거리를 걸어 다녔어요. 사람들이 다 쳐다보더라고요. 그 영상을 본 러시아 독자들의 반응이 뜨거웠습니다."

− 일하면서 가장 뿌듯했을 때는 언제였나요.

"고려인이 모여 살던 러시아의 블라디보스토크 신한촌에 기념비가 있습니다. 3~4년간 관리를 해주시던 할아버지가 암에 걸리셨다는 걸 알게 됐어요. 인스타그램에 이 사연을 전하면서 '신한촌 기념비는 한국인들에게 중요한 상징'이라고 설명했어요. 글을 본 16살의 '알리나'라는 소녀가 10리터짜리 쓰레기봉투를 들고 다니면서 주변을 청소한 거예요. 헌화와 사탕을 놓은 사진을 받아보고 정말 감동했습니다. 주

기적으로 청소를 한
다고 하더라고요.

시각 장애인 구독
자분도 기억에 남아
요. 아침마다 제 영상
을 틀어놓고 이야기

현지에서 구독자 모임을 하고 있는 민 씨 ⓒ 민경하 씨
인스타그램(@minkyungha) 캡처

를 들으면서 용기와 희망을 얻었다고 해요. '나도 무언가 할 수 있구
나'라는 생각에 마라톤을 준비했다고 했어요. 구독자 모임에서 마라
톤을 완주해 받은 트로피를 선물로 주셨어요. 뭉클해서 눈물이 났습
니다."

민 씨는 파워 유튜버로 러시아, 카자흐스탄 등에서 직접 한국 문화
를 알리는 행사를 열기도 한다. 작년 10월에는 서울시의 'I·SEOUL·
U 평화사절단'에 참여했다.

"러시아 모스크바, 페테르부르크 등에서 한국 문화를 알리는 행사
를 열었어요. 한국 코스메틱 샵 등이 참여했어요. 이틀 만에 8,000여
명이 왔습니다. 구독자 200만~300만 명인 러시아 유명 블로거들과
모스크바에서 행사를 열기도 했습니다. MC를 보면서 한국 문화를 소
개하고 관련 질문에 답했어요. 한국어 자랑대회, K-POP 댄스 대회
도 열었어요."

**민간 외교관 꿈꿔… 한국의 좋은 중소기업 제품을 러시아에 알리고
싶어**

현재 러시아에서는 한국 뷰티 상품에 대한 관심이 높다. 국내 화장품의 러시아 수출액은 2014년 1,551만 달러(190억 원)에서 작년 1억 3,731만 달러(1,690억 원)로 9배나 늘었다.

"한국 뷰티 제품 기업으로부터 연락이 많이 옵니다. 우리나라 중소기업의 좋은 제품이 러시아에 진출할 수 있도록 돕고 싶어요. 제품을 써보고 마음에 들면 컨설팅을 도와주거나 광고를 해주기도 해요. 이때 발생하는 수익 일부는 러시아인과 고려인에게 기부하고 있습니다.

러시아는 중국이나 미국 시장과 다릅니다. 장기전이에요. 보통 러시아 사람들은 처음엔 경계심을 가지고 제품을 보다가 한번 맘에 들면 꾸준히 써요. 신뢰를 얻기까지 시간이 좀 걸려요. 샘플을 먼저 사서 써보는 사람이 많습니다. 당장 매출이 오르지 않는다고 조급해하지 않았으면 좋겠어요."

– 한국과 러시아가 수교 30주년입니다. '한·러 상호 교류의 해'를 맞아 준비하는 게 있나요.

"코로나19 여파로 11월까지 모든 행사가 취소됐습니다. 현재는 인스타그램이나 유튜브 생방송을 통해 소통하고 있습니다."

– 수입이 궁금합니다.

"유튜브를 시작한 후 2년 6개월간 수익이 마이너스였습니다. 러시아는 CPM(광고 비용을 측정하는 모델로 1,000회 광고를 노출하는 데 사용된 비용을 뜻함)이 정말 낮아요. 한국의 10분의 1입니다. 구독자에게 선물을 보내거나 이벤트를 열면서 나가는 돈이 더 많았어요. 대신 브랜드 광고나 콘텐츠 제작, 러시아나 중앙아시아 등에서 열리는 행사 참여, 정부와 시 홍보 관련 일을 하면서 이익을 얻습니다."

– 앞으로의 계획과 목표는요.

"한국인과 러시아인을 잇는 문화적 가교 역할을 하고 싶어요. 서로의 문화를 이해하는 데 도움을 주고 싶습니다. 유튜브와 행사 개최 등도 계속할 예정입니다. 민간 외교관 역할을 잘 해내고 싶어요."

2

"미국·독일서 두 번의 해외 취업…
자신만의 목표 꾸준히 세워야"

조선일보 정리＝오푸름 조선에듀 기자 2019.02.14.

독일 치과기공사 신봉수 씨

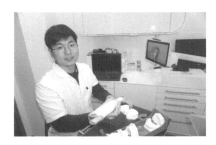

ⓒ 신봉수 씨 제공

"두 번의 해외 취업 경험을 토대로 목표를 꾸준히 세워 실천하고 있습니다."

독일 프랑크푸르트에 있는 덴탈라인 교정치과(Dentalign Kieferorthopädische Praxis)에서 치과기공사(Zahntechniker)로 일하고 있는 신봉수(29, 대구보건대 졸업) 씨는 이같이 강조했다. 앞서 신 씨는 지난 2012년 12월부터 미국에서 1년간 치과기공사로 근무했다. 2016년 2월, 그는 독일 현지에서 두 번째 해외 취업에 도전해 성공했다. 신 씨는 "해외 취업을 준비한다면 자신만의 목표를 꾸준히 세울 수 있어야 한다"며 "앞으로 독일 치과기공 마이스터(장인) 자격을 취득할 계획"이라고 밝혔다.

– 해외 취업을 준비하게 된 계기는 무엇인가.

"고등학생 때 진로 고민을 하며 치과기공사라는 전문 직종을 알게 됐습니다. 일찍부터 해외 취업에 관심이 많았기 때문에 이 직업이라면 세계 어디에서도 일할 수 있겠다고 생각했죠. 특히 영어권 해외 취업을 꿈꿨어요.

대구보건대 치기공과에 입학하고 나서는 교내 해외 취업 프로그램에 참여해 담당 교수님께 도움을 구했습니다. 해외 취업을 함께 준비하는 학생들이 모여 정보를 교환하고 스터디를 운영하면서 지속적으로 동기를 부여하기도 했죠. 이를 통해 해외 취업에 대한 '관심'을 차츰 하나의 큰 '결심'으로 바꿔나갔습니다."

– 해외 취업을 위해 구체적으로 어떤 준비를 했는가.

"우선, 학과 수업과 실습에 충실히 참여했습니다. 1학년을 마치고 입대해 군 생활을 하며 해외취업에 필요한 토익(TOEIC) 점수를 받았어요. 복학하고 나서부터는 외국인 강사와의 스터디 등 학교에서 지원하는 해외 취업 교육 프로그램에 참여하며 본격적인 준비에 돌입했습니다. 이후 2012년 12월, 미국 현지에서 대구보건대와 연결된 여러 취업처를 방문해 면접을 봤어요. 그중 'Baran Dental Laboratory & Milling Center'라는 한 치과기공소에서 일을 시작했죠. 그곳에서 함께 일하던 오스트리아 기공사 덕분에 독일 치과기공 마이스터 자격을 알게 됐고, 이를 취득하겠다는 새로운 목표를 세웠어요.

미국 생활을 마치고 국내에 돌아오자마자 2년간 스스로 부족한 부분을 채우고자 노력했죠. 일을 병행하면서 평일 저녁과 토요일에 대구보건대에서 치기공과 학사 과정인 전공 심화 과정을 이수했어요. 이와 동시에 독일어 공부도 틈틈이 했습니다. 주말에는 독일어 과외를 받기도 했죠. 이때 독일어 문법을 꾸준히 학습해둔 덕분에 독일 현지에서 언어를 익히기가 한결 수월했습니다.

전공 심화 과정을 수료한 그해 말에는 독일 현지로 떠났어요. 현지 문화를 느끼고 실전 회화를 미리 익혀두기 위해서였죠. 미국 취업 당시 도움을 주셨던 교수님의 소개로 지금 일하는 치과에 취업했습니다. 지난해 3월에는 독일 치과기공사 자격증을 취득했습니다."

– 해외 취업 준비 과정에서 기억에 남는 일이 있었다면.

"미국 현지에서 해외 취업 면접을 준비하며 'Columbia College'에서 포트폴리오에 넣을 크라운(충치 등으로 손상된 치아를 치료를 통해 보철물을 씌우는 것) 조각을 제작한 적이 있어요. 교육장에서 다른 학생들과 함께 크라운 조각을 만들었는데, 시간 내에 완성하지 못했죠. 숙소에서라도 이를 완성하려고 왁스를 빌려왔는데, 처음에 사용한 왁스와 색상이 다르다는 사실을 뒤늦게 알았어요. 그러나 포기하지 않고, 두 가지 색상의 왁스를 사용해 크라운 조각을 만들어 제출했습니다.

합격하고 나서 나중에 면접관을 만나 저를 뽑은 이유에 대해 질문한 적이 있어요. 포트폴리오에 드러난 예술적 감각과 입학 과정에 적극적인 모습이 인상적이었다고 하더군요. 끝까지 포기하지 않고 노력한 덕에 인정받을 수 있었던 셈이죠."

– 앞으로의 계획은 무엇인가.

"현재 일하는 곳에서는 아날로그와 디지털을 결합한 다양한 기술을 시도하고 있어요. 저 역시 디지털 치과기공에 대한 관심이 커져 관련 기술을 습득하고자 노력하고 있습니다. 또한 앞으로는 독일 치과기공 마이스터 자격증을 취득하는 게 목표예요. 이와 함께 독일어 공부도 꾸준히 할 예정입니다."

– 해외 취업을 준비하는 후배들에게 해주고 싶은 조언이 있다면.

"대학에서 진행하는 해외 취업 관련 프로그램에 참여하는 학생이라면 자신이 참여하는 프로그램의 목적을 정확히 파악해 자신만의 목표를 세워야 해요. 학교 해외 취업 프로그램을 발판삼아 해외에 나갔다고 하더라도 그 이후에는 학생 자신의 노력이 더욱 많이 필요하기 때문입니다.

취업하고자 하는 국가의 언어를 능숙하게 구사하는 것도 중요하죠. 실제로 언어 실력은 취업 준비 과정뿐만 아니라 취업 이후 근무 환경과 연봉에도 큰 영향을 미칩니다. 해당 국가의 언어를 능숙하게 구사한다면 직장 선택의 폭도 넓어질 수 있어요.

또한 해외 취업 선배들과의 교류를 통해 막연한 기대와 현실 간의 차이를 줄여나가면 현지 적응에 큰 도움이 됩니다. 노력한 자에게는 기회가 반드시 오니 철저한 준비로 해외 취업에 성공하길 바랍니다."

3

"일본어 몰랐지만…
절박한 심정으로 기회 잡았죠"

조선일보 정리＝오푸름 조선에듀 기자 2019.02.21.

일본 자동차 에어백 설계·개발 엔지니어 신권원 씨

"항상 제 주변의 기회를 찾아 적극 활용했어요. 덕분에 어린 시절 꿈꿨던 해외 생활을 하고 있습니다."

일본에서 자동차 에어백 설계·개발 엔지니어로 일하고 있는 신권원(왼쪽) 씨 ⓒ 본인 제공

일본 도쿄 이바라키현 '오토리브 츠쿠바 사무소(オートリブ 筑波事業所)'에서 자동차 에어백 설계·개발 엔지니어로 근무하고 있는 신권원(24·영남이공대 졸업) 씨는 해외 취업 이후의 삶에 대해 높은 만족감을 보였다. 신 씨는 일본의 인재 파견 회사인 '리크루트 R&D 스태핑(Recruit R&D Staffing. Co)'에 지난 2017년 입사해 추가 면접을 거쳐 현재의 근무처에서 일하고 있다. 북미, 유럽, 동남아 등에 지사가 있는 오토리브 츠

쿠바 사무소는 에어백과 시트 벨트를 연구하고 개발하는 회사로, 개발 과정에서 해외 지사와의 협업이 많은 점이 특징이다. 그는 "취업하기 1년 전까지만 해도 일본어를 하나도 몰랐지만, 노력 끝에 해외 취업에 성공했다"며 "실패를 두려워하지 말고 도전하라"고 강조했다.

　－ 해외 취업을 준비하게 된 계기는 무엇인가.

"어린 시절, 국내 모 자동차 기업의 품질 검사 분야에서 일하던 아버지께서 종종 해외 출장을 다녀오시고 나면 이국적인 장식품과 함께 그곳에서의 이야기를 전해주셨습니다. 그때부터 '언젠가 해외 배낭여행을 자유롭게 떠나겠다'는 꿈을 꿨어요. 그 꿈은 해외 취업에 대한 호기심으로 이어졌습니다. 고등학교 때부터 청년 실업 문제가 사회적 이슈로 대두하는 것을 보면서 해외 취업을 진지하게 고려하기 시작했죠. 해외 취업에 성공한 이들의 책과 다큐멘터리 등을 찾아보면서 해외에서 더 나은 미래를 그릴 수 있을 것이란 생각이 점차 확고해졌어요. 특히 대학에 입학해 알게 된 '청해진사업(청년의 해외 진출을 지원하는 사업)'은 제게 아주 좋은 기회처럼 느껴졌죠."

　－ 해외 취업을 위해 구체적으로 어떤 준비를 했는가.

"해외 취업을 준비하며 가장 많이 노력한 부분은 전공 지식을 쌓고 의사소통 능력을 기르는 일이었어요. 대학에서 기계 계열을 전공하며 기계 설계에 대한 이해도를 높이고, 자동차에 대한 기본 지식을 습득했습니다. 이후 자동차 부품 설계, 3차원 설계 프로그램인 CATIA를 활용한 교육에도 열심히 참여했습니다.

문제는 일본어 의사소통 능력이었습니다. 청해진사업에 참여하기 전까지만 해도 일본어를 전혀 몰랐기 때문이죠. 대학에서 진행된 방과 후 특강을 통해 일본어 히라가나와 가타카나를 외우고, 기본적인 문법과 문장을 배우기 시작했어요. 이와 함께 서점에서 구매한 생활 한자 책 속 한자와 일본어 단어를 직접 쓰며 하루에 두세 시간씩 따로 공부했죠.

또한 청해진사업에 관심을 가진 기업이 종종 학교에 방문해 취업 정보나 면접에 필요한 사항 등을 전해줄 때면 되도록 참석했어요. 이를 통해 해외 취업에 앞서 반드시 준비해야 할 점을 파악할 수 있었습니다."

– 해외 취업 준비 과정에서 기억에 남는 일이 있다면.

"2학년 2학기 중반에 접어들 때쯤 리크루트 R&D 스태핑에서 지원자들을 대상으로 예비 면접과 본 면접을 시행했어요. 예비 면접 날 자기소개와 예상 질문에 대한 답변을 준비해 외워갔지만, 채용 담당자 앞에서 너무 긴장한 나머지 머릿속이 새하얘져 자기소개조차 제대로 하지 못했습니다. 면접을 망치고 나서 머릿속에선 온통 흙빛의 암울한 미래만 펼쳐졌죠. 하지만 해외 취업에 대한 절박한 마음으로 본 면접에서 승부를 걸기로 했습니다.

남은 기간은 한 달. 단기간에 의사소통 능력을 기르기 위해 일상 회화를 배울 수 있는 일본 드라마나 라디오 뉴스를 청취하며 무작정 대사를 따라 하기 시작했습니다. 단어 공부를 할 때에도 소리를 내어 읽으면서 쓰는 식으로 방법을 바꿨어요. 일본어로 말하는 것에 대한 두려움을 없애는 연습이 필요했던 거죠. 이 같은 방식을 15일 정도 반복하고 나니 귀가 조금씩 트이더군요.

면접 당일, 또다시 심장을 옥죄는 듯한 느낌이 들었습니다. 비록 말을 더듬거리긴 했지만, 한 달간의 노력을 통해 성장한 모습을 보여줌으로써 채용 담당자에게 충분히 호감을 살 수 있었습니다. 면접에 합격하고 입사가 확정되고 나서도 더 많은 일본어 단어를 외우고, 더 많은 일본 뉴스를 청취하는 등 회화 실력을 꾸준히 쌓고자 노력했습니다."

– 앞으로의 계획은 무엇인가.

"현재 근무하고 있는 오토리브 츠쿠바 사무소에서 자동차 에어백 중 커튼 에어백 개발과 시험 관련 업무를 담당하고 있습니다. 해외 지사와 협업을 통해 프로젝트도 진행하고, CAD 도면 관련 업무와 에어백 성능 시험 업무 등도 성실히 수행하고 있어요. 제가 맡은 직무에 대한 만족도가 높기 때문에 앞으로도 자동차 안전장치 설계·개발 엔지니어로서 역량을 발전시켜 나갈 계획입니다. 최근에는 애플리케이션 개발에 도전하고자 새로운 공부를 시작했습니다. 앞으로 5년 안에 저만의 어플을 출시하는 것을 목표로 삼고 있죠."

– 해외취업을 준비하는 후배들에게 해주고 싶은 조언이 있다면.

"해외취업을 준비한다면 실패에 대한 두려움을 가지지 않았으면 합니다. 용기를 내고 열심히 노력해 도전하길 바랍니다. 저는 일본어를 하나도 모르는 상태에서 시작했지만, 어린 시절 꿈꿨던 해외생활을 하고 있으며 제가 맡은 업무에도 크게 만족하고 있습니다. 해외생활을 하며 자신의 주변에 무엇이, 어디에 있는지를 파악해 이를 활용하면 빨리 적응할 수 있다는 걸 깨달았습니다. 필요한 정보가 있다면 인터넷 검색이나 상담콜센터 문의 등을 통해 친절한 답변을 손쉽게 얻을 수 있죠. 이처럼 평소에도 자신의 주변에 있는 여러 기회를 적극 활용하는 습관을 들인다면 낯선 곳에서 적응하거나 어려운 일을 해결하는 데 도움이 될 겁니다."

"인턴 경험하며 결심…
동료 보며 동기 부여 생겨"

조선일보 정리＝오푸름 조선에듀 기자 2019.02.28.

일본 호텔리어 박은아 씨

"인턴으로 일했던 일본 호텔에서
의 정중한 예절과 서비스 정신이 인
상적이었어요."

일본 혼슈 이시카와현에 있는 호
텔 루트인 가나자와 에키마에(ホテル

© 본인 제공

ルートイン 金沢駅前)에서 호텔리어로
일하는 박은아(23·한양여대 졸업) 씨는 인턴 경험을 바탕으로 지금의 직
무를 선택했다고 밝혔다. 박 씨는 지난 2017년 졸업한 직후 일본 오
키나와현 카누차베이 리조트에 입사해 1년간 호텔 내 레스토랑에서
인턴으로 근무했다. 박 씨는 "최선을 다해 고객을 대하는 동료 직원들
을 보며 큰 동기 부여가 됐다"며 "현재 프런트 데스크에서 근무하며
서비스 정신을 실천하고자 노력하고 있다"고 말했다.

– 해외취업을 준비하게 된 계기는 무엇인가.

"중학교 때부터 일본의 언어와 문화, 예절 등에 관심을 가졌습니다. 관심 분야를 좀 더 깊이 있게 배워보고 싶단 생각에 한양여자대학교 일본어 통번역과(현 실무일본어과)에 지원했어요. 학교에 다니면서 한국 산업인력공단이 주관하는 K-Move 스쿨 '일본 호텔(리조트) 취업 연수 과정'이라는 프로그램을 알게 됐죠. 일본의 관광 문화를 직접 경험할 좋은 기회라고 판단해 참여했어요. 연수 과정 중 해외 취업을 결심했습니다."

– 해외취업을 위해 구체적으로 어떤 준비를 했는가.

"일본어능력시험(JLPT) 공부는 1학년을 마치고 나서부터 10개월간 집중적으로 했어요. 문법, 한자, 독해, 청해 문제집을 부분별로 공부하고 나서 실제 시험처럼 시간을 정해놓고 모의고사를 푸는 식으로요. 일본 호텔 취업에 필요한 JLPT N2 이상을 취득하기 위해서였죠.

일본 드라마와 영화도 꾸준히 시청했습니다. 제가 즐겨보던 드라마와 영화 속 배우가 출연하는 토크쇼와 예능 프로그램까지도 챙겨 봤어요. 먼저 자막이 있는 영상을 보고 내용을 이해하고, 그다음에는 똑같은 영상을 자막 없이 보면서 제가 모르는 단어를 표시했어요. 이런 방법을 활용하면 청해 연습을 훨씬 재밌게 할 수 있기 때문에 적극적으로 권하고 싶어요.

직무와 관련해 가장 크게 도움이 됐던 건 일본 호텔(리조트) 취업 연수 과정이었습니다. 일본 회사나 호텔에서 쓰는 단어와 문장, 서류 작성법 등을 배울 수 있었거든요. 원어민 교수님이 진행하는 회화 수업을 통해 일본어 발음을 교정받기도 했죠."

― 해외취업 준비 과정에서 기억에 남는 일이 있다면.

"지난 2017년 카누차이 리조트 레스토랑과 카페에서 인턴으로 일할 때, 다양한 고객을 만나 이야기를 나누며 서비스직의 즐거움을 느꼈어요.

무엇보다도 함께 일하던 동료를 보며 큰 동기 부여가 됐죠. 대체로 저와 나이가 비슷하거나 저보다 어렸지만, 자신이 맡은 분야에서 최선을 다해 고객을 대하는 모습이 인상적이었죠. 그래서 일본의 예절 문화나 서비스 정신에 대해 더욱 자세히 배워보고 싶다고 생각했습니다. 호텔에서 가장 먼저 고객을 맞이하는 프런트 데스크 직무를 선택하게 된 이유이기도 하죠.

이제는 프런트 데스크에서 체크인 업무를 하고 있으면 고객들이 제 명찰을 보고 먼저 말을 걸어주시기도 합니다. 특히 제가 한국에서 왔다고 하면 한국어로 인사하거나 한국 연예인이나 운동선수의 팬이라고 친근하게 대해준 고객들이 기억에 남아요. 그럴 때마다 감사한 마음에 더욱더 열심히 해야겠다고 마음을 다잡곤 하죠."

― 앞으로의 계획은 무엇인가.

"앞으로도 프런트 데스크 업무를 이어나가고 싶어요. 지난해 10월에 입사해 업무를 익히는 과정에서 실수하기도 하지만 하나씩 배워가며 성장할 수 있도록 노력할 계획입니다."

– 해외취업을 준비하는 후배들에게 해주고 싶은 조언이 있다면.

"해외취업을 준비하면서 외국어, 면접, 타지 생활 등 각자의 고민이 있을 거예요. 제가 가장 걱정했던 것은 일본어로 업무를 잘 수행할 수 있을지였습니다. 특히 호텔에서 일하면 고객에게 정중한 표현으로 안내해야 한다고 생각해 걱정이 많았죠. 그래서 지금도 일본 뉴스 라디오 어플을 내려받아 아나운서의 발음과 표현을 위주로 틈틈이 연습하고 있습니다. 해외취업이라는 큰 목표를 결심했다면 현지 사람들보다 더욱더 많은 노력을 기울이겠다는 자세로 임해야 합니다."

5

"현지 적응한 선배 조언 참고…
부담감 덜어"

조선일보 정리＝오푸름 조선에듀 기자 2019.03.21

필리핀 스킨스쿠버 지도자 정재박 씨

"해외취업에 자신감 있게 도전해보세요. 남다른 경험을 통해 자긍심을 높일 수 있습니다"

필리핀 세부 막탄섬(Mactan Island)에 있는 만타스쿠버다이빙(Manta Scuba diving) 리조트 매니저 정재박(28, 백석문화대 스포츠레저학부 졸업) 씨는 현지에서 일하며 확고한 목표를 다졌다. 정 씨가 근무하는 곳을 찾는 스킨스쿠버 관광객은 매년 약 3,000여 명에 달한다. 그는 이곳에서 스킨스쿠버 지도자로 일하는 동시에 리조트 운영에 참여하고 있다. 정 씨는 "스킨스쿠버 체험을 위해 필리핀을 방문하는 관광객은 기하급수적으로 느는 추세"라며 "국내보다 더 넓은 해외시장에서 색다른 일을 기획하며 차별화된 인생을 설계하고 있다"고 밝혔다.

– 해외취업을 준비하게 된 계기는 무엇인가.

"대학에서 스킨스쿠버 다이빙 전공 수업을 들은 적이 있어요. 그때부터 스킨스쿠버 다이빙에 대한 큰 흥미를 느꼈죠. 이후 해외에서 일하는 학부 선배를 통해 스킨스쿠버 다이빙 인턴십 프로그램이 있다는 사실을 알게 됐어요. 학부 교수님과의 상담을 거치고 나서 한국산업인력공단이 주관하는 케이무브(K-Move) 해외 인턴십에 지원했죠."

– 해외취업을 위해 구체적으로 어떤 준비를 했는가.

"우선, 스킨스쿠버 다이빙 단계별 자격증을 취득했습니다. 해외취업 전 필리핀을 방문해 오픈워터(Open water), 어드밴스드(Advanced), 레스큐 다이버(Rescue Diver), 나이트록스(Nitrox), 다이브 마스터(Dive master) 과정을 차례대로 수료했죠. 이처럼 다양한 자격증을 취득한 건 좀 더 많은 다이빙 경험을 바탕으로 관광객들에게 보다 안전한 교육을 제공하기 위해서였습니다. 이 과정에서 특히 여러 강사의 교육 방식을 참고하며 관광객들에게 스킨스쿠버를 어떻게 가르쳐야 할지 많은 고민을 하기도 했죠.

문제는 다름 아닌 '언어'였습니다. 외국어에 대한 막연한 두려움을 갖고 있었기 때문이죠. 이러한 문제를 해결하는 데에는 해외 취업 전에 대학에서 지원해준 4주간의 어학연수가 큰 도움이 됐습니다. 어학연수를 통해 현재 근무지 근처에 있는 어학당을 다니면서 영어 수업을 듣고 현지 문화를 체험했습니다. 특히 실제 고객을 상대하는 것처럼 일대일 역할놀이(Role-playing) 수업을 여러 번 반복하면서 외국어 실력은 물론 상황 대처 능력도 기를 수 있었습니다.

수업 이외의 시간에도 꾸준히 영어 대화를 나눌 기회를 만들었어요. 어학당 선생님 사무실을 찾아가 질문을 하고, 답변을 들으면 재차 질문하는 식으로요."

– 해외취업 준비 과정에서 기억에 남는 일이 있다면.

"케이무브 해외 인턴십 출국 날을 앞두고 낯선 국가에서 잘 견딜 수 있을지 걱정이 앞섰습니다. 하지만 필리핀에 도착하자마자 괜한 걱정을 했단 사실을 깨달았습니다. 백석문화대 출신인 리조트 매니저와 강사들이 입국장에 마중을 나오는 등 현지에 잘 적응할 수 있도록 적극적으로 도와줬기 때문이에요.

또한 저와 같은 인턴십 과정으로 리조트에서 근무 중인 선배들에게 도움을 받기도 했어요. 선배들에게 한 달간 현지 문화와 언어는 물론 리조트의 근무 환경과 시스템 등을 직접 인수인계를 받으면서 큰 어려움 없이 적응할 수 있었죠."

– 앞으로의 계획은 무엇인가.

"현재 근무하는 곳에서 해양 스포츠, 외국어, 마케팅, 리조트 운영까지 폭넓은 범위에서 실력을 다지고 있습니다. 앞으로는 해양 스포츠 리조트 등을 창업한 선배들의 뒤를 이어 저만의 리조트를 여는 것이 목표입니다. 이를 위해 그간 쌓아온 경험과 기술, 현지에서의 인프라를 활용해 기존에는 없었던 해양 스포츠 리조트를 만들 계획입니다."

"국내가 아닌 해외에서 새로운 도전을 시작하는 일은 그 자체로 멋진 일입니다. 저 역시 해외취업 전엔 걱정과 두려움이 물론 앞섰죠. 하지만 현지 생활을 하면서 직접 부딪히고 보니 금방 적응이 되더군요. 특히 저는 다양한 국적의 관광객들에게 다이빙 체험이나 교육을 수차례 진행하면서 지식과 기술을 전수하는 일에 보람을 느끼고 있습니다. 이러한 자긍심은 해외 생활을 하는 데 큰 힘이 됩니다. 되도록 스스로 자긍심을 느낄 수 있는 일을 찾아 도전해보세요.

만일 해외취업 전후로 현지에서 언어나 문화 차이를 겪게 된다면 우선 근무처에서 만난 사람들부터 가까이 지내려고 노력해보세요. 함께 식사하고 여가를 즐기는 거죠. 어느 정도 시간이 흘러 가까운 사이가 되면 소통 문제는 점차 자연스럽게 해결되기 마련입니다. 후배들 앞에 어떠한 장애물이 눈앞에 있더라도 꿈과 희망을 바탕으로 자신의 삶을 개척해나가기를 바랍니다."

6

"현장 기술직, 실습 통해 적응력 길러야…
체력도 필수"

조선일보 정리＝오푸름 조선에듀 기자 2019.04.25.

싱가포르 승강기 기사 신현서 씨

"현장 기술직은 기술, 체력, 적응력 삼박자를 고루 갖춰야 합니다."

ⓒ 본인 제공

세계 최대 승강기업체 오티스 (OTIS) 싱가포르 법인 서비스팀에서 승강기 기사로 일하고 있는 신현서(25, 한국승강기대 승강기공학부 관리전공 졸업) 씨는 "해외 생활에 대한 기대감이 취업 준비의 원동력이었다"며 "기술과 체력, 적응력을 갖추기 위해 다양한 교내 프로그램을 활용했다"고 밝혔다. 신 씨는 지난해 4월, 회사에 입사해 승강기와 에스컬레이터의 유지와 보수를 도맡아 하고 있다.

– 해외취업을 준비하게 된 계기는 무엇인가.

"국내외에 다양한 승강기 업체가 있지만, 싱가포르 취업을 중점적으로 준비했습니다. 싱가포르는 다민족 국가로서 중국, 말레이시아, 인도 등 다양한 문화를 지니고 있어 흥미롭게 느껴졌기 때문이죠. 이 점을 바탕으로 다양한 언어와 문화를 접하고, 승강기 기사로서 유익한 경험을 쌓을 수 있을 것 같다고 생각했죠."

– 해외취업을 위해 구체적으로 어떤 준비를 했는가.

"현장 기술직의 경우, 학교에서 배웠던 이론만으로는 한계가 있습니다. 반드시 현장 실습을 통해 자신이 전공한 기술을 체화해야 합니다. 그래서 방학 땐 국내 중소기업에서 진행하는 현장실습 프로그램에 참여했습니다. 이를 통해 승강기 기사를 꿈꾸며 기본기를 다지고 현장 적응력을 높일 수 있었죠. 더욱이 싱가포르에 취업하고 나서도 현장 실습 경험을 바탕으로 승강기 유지·보수 업무를 곧바로 시작할 수 있었습니다. 또한 싱가포르 현지에서는 영어, 중국어, 인도어, 말레이시아어 등 다양한 언어를 사용합니다. 그중에서도 영어를 가장 많이 사용하죠. 현지 사람들과 업무적인 측면에서 일을 차질없이 진행하기 위해 영어를 가장 열심히 준비했어요. 특히 학교에서 진행하는 영어 관련 프로그램에 꾸준히 참여해 영어를 자주 접했습니다. 이때, 외국인과 영어로 자연스럽게 대화하고 소통하는 능력을 기르는 데 초점을 맞췄죠. 평상시에 이를 중점적으로 연습하면서 취업 과정에서 진행된 면접에서도 제 의견을 자신감 있게 전달하는 일에 큰 도움이 됐습니다."

– 해외취업 준비 과정이나 취업 후 기억에 남는 일이 있다면.

"싱가포르는 고온다습한 열대성 기후 지역으로, 현장에서 근무하다 보면 체력적으로 힘들 때가 종종 있습니다. 특히 점심시간이면 무더운 날씨와 높은 습도 때문에 간혹 어지럼증을 느낄 때도 있어요. 현장 기술직을 희망하는 경우, 해외취업을 준비할 때부터 그 나라에서의 근무 환경 등을 고려해 체력을 미리 길러두는 것이 바람직합니다."

— 앞으로의 계획은.

"앞으로도 오티스 싱가포르 법인에서 근무하며 승강기 유지·보수 업무에 필요한 직무 역량을 계발하고 싶습니다. 또한 싱가포르는 다양한 언어를 사용할 수 있는 환경이 갖춰져 있는 만큼 이러한 기회를 적극적으로 활용해 외국어 실력을 다질 계획입니다."

— 해외취업을 준비하는 후배들에게 해주고 싶은 조언이 있다면.

"해외취업의 장단점을 잘 고려해 준비해야 합니다. 지금 제가 근무하는 곳에서는 수평적인 분위기가 강조되는 편입니다. 동료나 선후배 간 친구 같은 분위기 속에서 업무를 수행하고 있어요. 아직 많은 국내 기업이 수직적인 분위기가 유지되고 있는 모습과는 대조적이죠.

반면, 타지에서 외로움이 크다는 단점이 있죠. 만일 외로움을 해소하려 노력하지 않는다면 해외취업 후에도 만족스러운 생활을 이어나가기가 어렵습니다. 저는 앞서 같은 회사에 취업해 일하고 있는 선배들과 어울리며 이러한 문제를 해결할 수 있었습니다. 해외취업 전, 자신이 혼자 생활할 준비가 돼 있는지 스스로 꼭 돌아보시길 바랍니다."

7

스윙비 "호랑이 잡으려면 호랑이 굴에"
… 韓 아닌 동남아서 창업

한국경제 배태웅 기자 2019.03.19.

인력 관리 솔루션 하나로 동남아 4,500개 中小 사로잡은 스윙비

최서진 스윙비 대표가 개발을 총괄하는 한국 본부 간판 앞에서 포즈를 취하고 있다
ⓒ 배태웅 기자

최서진 대표가 이끄는 스윙비는 해외 창업 성공 사례로 자주 언급되는 기업이다. 스타트업(신생 벤처 기업)은 진입 자체가 힘든 기업용 소프트웨어로 동남아시아 시장에 진출, 창업 3년 만에 4,500개 이상의 기업을 고객으로 확보했기 때문이다.

이 회사는 특이한 점투성이다. 처음부터 한국이 아니라 동남아를 타깃으로 잡고 사업을 시작했다. 본사는 싱가포르에 두고 개발만 한국에서 한다. 한국에 본사, 현지에 연구 개발(R&D) 조직을 두는 대기업들과 정반대 행보다.

최 대표는 "호랑이를 잡으려면 호랑이 굴에 들어가야 한다"며 "창업을 한국에서 해야 한다는 고정관념부터 깨야 한다"고 말했다.

고객사 17%가 유료 서비스 이용

스윙비는 동남아 지역 중소기업에 특화한 클라우드 기반의 HR(인사관리) 프로그램을 판매하고 있다. 건강보험 추천부터 근태 관리, 급여 계산, 세무까지 다양한 기능을 현지 노동법에 맞춰 제공하고 있다. 말레이시아와 싱가포르가 핵심 시장이다.

동남아 지역은 중소기업의 왕국이다. 중소기업 시장 점유율이 95%에 달한다. 중소기업 숫자를 따지면 7,000만 개가 넘는다. 혁신적인 제품 및 서비스를 내놓는 기업들이 상당하지만 사내 전산 시스템 경쟁력은 형편없는 수준이다. 20년이 넘은 낡은 HR 소프트웨어를 사용하거나 수기로 일일이 급여를 계산하는 업체가 대부분이다. 오라클, SAP와 같은 글로벌 업체들의 제품은 비싼 가격 탓에 도입할 엄두를 내지 못하고 있다. 스윙비가 파고든 것이 이 지점이다.

스윙비의 소프트웨어는 직원 정보와 출퇴근 관리, 휴가 신청과 같은 기본 기능이 무료로 제공된다. 이것만으로도 연간 수천 달러의 비용을 아낄 수 있다. 고급 기능인 급여 계산과 건강보험 추천은 유료로 제공한다. 무료 기능을 미끼로 유료 전환을 노리는 전략이다. 현재 스윙비 고객사들의 유료 상품 사용률은 17%선이다.

최 대표는 창업 전 안랩에서 동남아 지역 사업을 담당했다. 이 시장

217

의 잠재력이 크다고 판단해 창업을 결심했다. 그가 제일 먼저 한 일은 동업자 물색이었다. 사업 파트너로 알고 지내던 토킷홍 텔레콤 말레이시아 사업개발 본부장을 삼고초려 끝에 공동 창업자로 포섭했다. 현지 시장을 잘 아는 전문가가 영업을 총괄해야 한다고 본 것이다. 창업 후에도 현지 보험중개사 대표를 스카우트하는 등 본사 핵심 인력 대부분을 현지 사정을 잘 아는 인물들로 채웠다.

최 대표는 "스윙비의 성패는 타이밍에 달렸다고 판단했다"며 "한국에서 창업하고 투자를 받아 동남아에 진출하기엔 시간이 많지 않았다"고 설명했다.

철저한 현지화가 최 대표의 모토였지만 예외도 있다. 동남아 개발자 수준이 기대에 못 미친다고 판단, 개발자 조직을 한국에 따로 꾸렸다. 한국 개발자들의 실력은 업계 최고 수준이라는 게 최 대표의 설명이다.

스윙비는 동남아 중소기업의 간지러운 곳을 긁어주는 서비스로 빠르게 점유율을 확대했다. 2016년 10월 50여 개에 불과하던 고객사가 4,500개까지 늘었다. 급격한 성장세에 힘입어 2017년 미국계 벤처캐피털(VC) 빅베이슨캐피털과 월든인터내셔널, 영국계 보험사 아비바로부터 160만 달러(약 18억 원)를 투자받기도 했다. 다음 달에도 추가 투자가 예정돼 있다.

동남아 '거스토' 되는 게 목표

HR 소프트웨어 시장은 세계적으로 빠르게 성장하고 있다. 시장조사업체인 마켓애널리시스에 따르면 글로벌 HR 소프트웨어 시장은 2024년까지 92억 달러(약 10조 4,000억 원)에 이를 것으로 예상된다. 이 시장의 주도권은 대기업에서 스타트업으로 옮겨가고 있다. 미국 실리콘밸리에서도 거스토, 네임리 등이 '유니콘(기업 가치 1조 원 이상 벤처기업)'급으로 성장했다.

스윙비의 목표는 동남아의 거스토다. 올해 대만에 법인을 설립하고 베트남, 필리핀, 인도네시아 등으로 사업을 확대할 방침이다. 핵심 사업은 빅데이터를 기반으로 한 보험 중개업이다. 동남아 지역 기업들은 고용 보험만 의무적으로 가입한다. 건강 보험, 생명 보험, 자동차 보험 등은 기업이 각자 민간 기업을 통해 가입해야 한다. 스윙비는 지난해부터 고객사를 통해 얻은 급여, 인력 관련 데이터를 바탕으로 고용주에게 적합한 보험을 중개하고 있다.

연말부터는 중개에서 한발 나아가 직접 보험을 판매하는 게 목표다. 말레이시아와 싱가포르 정부에 '규제 샌드박스' 신청을 완료하고 관련 사업을 준비하고 있다. 최 대표는 "동남아 시장에서 HR과 보험 중개를 완전히 통합할 예정"이라며 "인력도 현재의 두 배 수준인 60명 이상으로 늘리겠다"고 말했다.

8

프랑스에 '케이뷰티(K-beauty)' 붐
일으킨 20대 청년 사업가

조선일보 톱클래스 글: 최선희 객원기자 사진: 서경리 기자

전 세계 젊은이들을 사로잡은 케이팝(K-POP)의 인기는 패션, 미용, 음식 등 한국 문화 전반에 걸친 관심으로 확장되고 있다. 그중에서도 화장품은 가장 큰 수혜자로 꼽힌다. 가파른 성장세를 보이는 세계 화장품 시장에서 한국 화장품과 화장법을 통칭하는 '케이뷰티(K-beauty)'는 이미 새로운 트렌드로 자리 잡았다.

최근에는 화장품의 본고장 격인 프랑스에서도 케이뷰티에 대한 관심이 높아졌다. 그 발원지는 바로 프랑스 현지의 SNS 인플루언서들이고, 그 뒤에는 이들을 공략해 우리나라 화장품의 우수성을 적극 알리고 있는 함동혁 빠남 대표가 있다.

함 대표는 2013년 대학교 1학년을 마치고 프랑스로 워킹홀리데이를

떠나 4년간 지냈다. 그곳에서 어학연수, 한 학기의 대학 생활, 취업, 통역 아르바이트, 유튜버 등 다양한 활동을 했다. 그 경험을 바탕으로 한국과 프랑스, 두 나라를 잇는 '문화 가교'가 되겠다는 야심 찬 꿈을 안고 2018년 4월 청년 창업가의 길에 들어섰다. 회사 이름인 '빠남'은 파리의 옛 이름에서 따왔다.

"프랑스 사람들이 한국 문화에 대해 너무 모르더라고요. 자연스럽게 관심을 갖게 하려면 제품에서 시작하는 게 좋겠다고 생각했어요. 그러다 화장품을 떠올렸죠. 한류 바람을 타고 케이뷰티가 전 세계로 퍼지고 있고, 화장품은 프랑스 사람들의 주요 관심사니까 충분히 호기심을 끌 수 있을 것 같았어요. 그래서 인플루언서들을 활용했습니다. 화장품은 경험자의 조언이 특히 중요한데, 이들이 인스타그램에 올린 한마디가 때로는 광고보다 파급력이 더 크거든요."

현지 인플루언서 100명 네트워크

이들에게 제공되는 제품은 대부분 중소기업 브랜드. 그가 직접 케이뷰티 관련 박람회들을 찾아다니며 선별한 것들로, 기초부터 색조까지 다양했다. 그러나 예상치 못한 문제가 생기면서 창업 첫해는 그야말로 '쫄딱' 망했다. 좋은 제품을 제공해 인플루언서들의 호평을 이끌어내고, 이것이 다시 판매로 이어지는 선순환을 꿈꿨지만 제품 값과 맞먹는 높은 배송료를 감당하기가 어려웠다. 제품 구입비와 직원들 인건비로 사용한, 일부 기관에서 받은 청년창업지원금은 고스란히 빚으로 남았다.

"사업을 접어야 하나 심각하게 고민했어요. 하지만 창업에 대한 열망이 너무 컸기 때문에 전략을 바꿔 다시 도전했어요. 처음엔 무조건 판매를 목적으로 제품을 협찬했다면 이제는 경험을 먼저 주는 쪽으로요. 꾸준히 좋은 제품을 소개함으로써 케이뷰티에 대한 인식을 새롭게 하고, '빠남이 제공하는 브랜드는 믿을 만하다'는 신뢰를 쌓는 게 더 중요하겠더라고요. 저희 회사와 함께하는 인플루언서들이 100명이 넘어요, 저는 그들을 단순히 SNS 유명인이 아닌, 사업 파트너라고 생각합니다. 제가 모두 일일이 연락하고 섭외하고 직접 만나기도 하면서 만든 네트워크라 소중한 자산이죠. 그래서 좀 더 장기적인 관점에서 이들을 회사 성장의 동력으로 만들어가야겠다고 생각했어요."

20개 숍인숍 매장 준비 중

그의 판단은 옳았다. 인플루언서들을 통해 입소문이 나면서 케이뷰티를 알게 된 사람들이 많아졌고, 뜻밖의 성과로도 이어졌다. 빠남 덕분에 프랑스에서 인지도가 높아진 한 브랜드가 최근 '프랑스 현지 피부 관리 매장에서 극찬받은 화장품'이라는 타이틀을 달고 홈쇼핑에 진출한 것. 그는 이 브랜드의 홍보 영상 제작을 의뢰받아 프랑스 현지에서 실제 사용자들을 대상으로 촬영을 진행했다. 이후 인플루언서 마케팅 대행, 홍보 영상 제작 등이 새로운 수익 모델로 떠올랐고, 이를 계기로 B2B 사업도 준비 중이다.

"현지에서 만난 피부 관리 매장 운영자들이 '한국 화장품을 좀 더 다양하게 써보고 싶은데 소량으로 구입하는 게 어렵다'며 저희에게 구해줄 수 있겠냐고 물어보더라고요. 그래서 매장 안에 숍인숍(Shop in

Shop) 형태로 쇼룸을 만들어 다양한 제품을 선보이고, 체험과 구매도 연결해볼 계획입니다. 프랑스 피부 관리 전문가들이 보증하는 제품이라는 인식이 생기면 브랜드에도 이익이고, 화장품 산업에서 메이저리그 같은 프랑스에 케이뷰티가 본격적으로 진출한다는 점에서도 의미가 있을 것 같아요. 현재 20개 매장이 긍정적인 반응을 보이고 있습니다."

5월에는 프랑스 현지인 인턴도 합류한다. 프랑스인 인턴은 온라인 기반으로 현지에서 일한다. 빠남의 인기를 증명하듯, 한 명을 뽑는 인턴 채용 공고에 프랑스 전역에서 80명 정도가 지원했다. 대부분 한국어를 공부하고 있거나 한국 문화에 관심 있는 학생들이다.

"올 6월에는 프랑스 중서부의 관광도시 투르(Tours)에 갑니다. 한국 문화 관련 행사를 하는데 케이뷰티 부스를 만들어달라는 연락을 받았어요. 제가 구상하고 있는 쇼룸을 팝업스토어로 같이 진행해보려 합니다. 연말까지 50개의 파트너 매장을 만들어 케이뷰티 브랜드들의 프랑스 유통 경로를 활짝 열어주고 싶어요. 그러면 가능성을 보고 뛰어드는 사람들이 많아질 거고, 시장도 그만큼 커지겠죠."

그는 "경쟁자가 더 많아지기를 바란다"고 했지만 시장 진입은 현실적으로 쉽지 않다. 한국어, 프랑스어, 영어 등 세 언어 모두 가능해야 하고, 인플루언서와의 신뢰도 단기간에 형성되는 것이 아니기 때문이다. 프랑스에서 케이뷰티 분야로는 빠남의 독주가 한동안 이어질 것으로 전망되는 이유다. 나아가 케이뷰티를 넘어 한국과 프랑스 양국의 문화 교류에 주도적 역할을 하고 싶다는 그의 꿈이 계획보다 더 빨리 이뤄질지도 모를 일이다.

9

이명우 동원산업 사장
"동원의 미래, 건강한 바다 생태계에 달렸다"

한국경제 김보라 기자 2019.10.01.

망망대해 위에서 명절 쇠는 '뱃사람 CEO'

© 일러스트 = 조영남 기자
jopen@hankyung.com

뱃사람 같았다. 검게 그을린 피부 때문만은 아니었다. 대형 참치잡이 배 모형을 들고 태평양에서 참치 잡는 법을 이야기할 때, 1년씩 망망대해에서 고기 잡느라 고생하는 선원들 이야기를 할 때, 미래 수산업은 첨단 산업으로 거듭날 것이라고 힘줘 말할 때, 그의 눈은 유독 반짝거렸다. 삼성전자와 소니코리아 등에 20여 년을 몸담고 5년 전 '동원호'에 승선한 이명우 동원산업 사장(65)은 새로운 '업'에 완전히 적응한 모습이었다.

그는 이번 추석도 남태평양 한가운데에서 보냈다. 지난 7월 출항한 쥬빌리호가 정박 중인 남태평양 타와라섬 키리바시항. 이 사장은 2014년 동원산업 사장에 취임한 이후 추석과 설 연휴에는 무조건 바다로 떠났다. 항공편이 1주일에 1~2편 있는 오지의 섬들이지만, 선원들을 만나 함께 시간을 보내고 오면 동원산업이 가야 할 길이 더 선명해졌다.

경영의 시작과 끝은 결국 '사람'

"바다 한가운데 멸치 떼가 떠오르면 하얗게 '백파(白波)'가 일거든요. 그 아래 참치 떼가 있어요. 작은 배가 내려가 2.5㎞의 원을 그리며 그물을 치고, 이걸 밑에서부터 자루를 만들어 끌어올리는 거예요. 그물 깊이가 350~400m쯤 되죠. 그게 몇백t의 고기떼를 끌어올립니다. 엄청나죠. 수산업은 선장과 항해사와 선원들, 그리고 바다 생태계가 하나가 돼 만들어가는 산업입니다."

이 사장은 회사를 축구단에 비유했다. 그는 "동원FC라는 팀 아래 감독(사장)도 있고, 코칭 스태프(임원진), 선수(선원)도 있다"며 "스타 선수도 필요하지만 팀워크가 더 중요하고, 지속적으로 선수를 영입해야 팀이 잘 돌아간다"고 말했다. 그는 틈만 나면 현장을 방문한다. 해외 주재원으로 객지 생활을 했던 자신의 지난 시간을 곱씹으며 외국인 직원, 물류 직원 등까지 직접 만나 이야기를 듣는다.

이 사장은 한양대 경영대학 특임교수로 일하다 김재철 동원그룹 명예회장의 부름을 받았다. 수산업 경험은 없었지만 경영자의 고민은 어느 업종이나 비슷하다고 이 사장은 생각한다. 그는 "결국 사람과 지

속 가능 경영, 업의 본질에 대한 고민은 모든 경영자가 하는 것"이라
며 "존경할 만한 기업가, 우리 세대의 창업자와 함께 일한다는 게 큰
행운이라는 것을 깨달았다"고 말했다.

잡는 어업에서 '종합수산유통회사'로

해외에서 주로 가전 · 전자 제품 마케팅을 한 이 사장은 그 경험을
바탕으로 동원산업의 양적 · 질적 성장을 이끌었다는 평가를 받는다.
그가 부임한 2014년 이후 매년 성장을 거듭해 2017년 처음으로 매출
2조 원을 돌파했다. 올 상반기 매출은 1조 3,000억 원을 넘어섰다.

이 사장은 "태평양, 인도양, 대서양 등 3대양에서 모두 참치를 어획
하는 회사는 세계적으로 동원산업이 유일하고, 어획한 참치의 부가가
치를 극대화하는 기술도 세계 1위"라고 강조했다. 어획량 제한 등 수
산업이 양적 성장의 한계에 부딪힌 만큼 고부가가치 제품을 확대하
고, 유통업 등에도 적극 나서야 한다는 게 그의 지론이다.

동원산업은 지난 3년간 고기 잡는 것을 넘어 구매, 가공, 판매하는
유통 사업으로 빠르게 영토를 넓혔다. 그는 "기존 수산물 유통과는 차
별화된 동원만의 인프라를 활용해 '조금 더 신선한 수산물 유통'을 추
구한 게 성장의 배경"이라고 설명했다.

동원산업은 국내 연어 수입량의 20%를 차지하는 1위 업체가 됐다.
고등어, 오징어 등 다른 수산물로도 사업 영역을 넓힐 계획이다. 신생
자회사이자 한때 망해가는 회사였던 세네갈의 S.C.A SA 참치 회사

도 지난해 흑자로 돌아섰다. 기존 콜드체인에 강점이 있던 물류 사업을 확장하는 성과도 냈다. 동부익스프레스, BIDC 등을 인수해 물류 시장의 강자로 키웠다.

미래 수산업, 인류 식량 문제에 앞장

"동원산업은 '잡는' 어업에서 시작해 '수입'과 '가공'까지 영역을 확장하고 있습니다. 김 명예 회장은 창업 당시 단순히 수산회사가 아니라 그 이상을 생각했지요."

이 사장은 양식업에 수산업의 미래가 있다고 했다. 최근 국제식량기구(FAO)가 발표한 '프로틴 챌린지 2050'에 따르면 앞으로 세계 인구는 96억 명으로 지금보다 30% 늘어나지만 단백질에 대한 수요는 약 70% 더 증가할 것이라는 전망이다. 그는 "땅에선 가축을 기르고, 해상에서는 물고기를 잡으러 다니지만 어획량이 10년째 정체"라면서 "양식업의 획기적 발전이 필요한 때"라고 지적했다.

이 사장은 지속 가능한 바다 생태계를 강조한다. 10여 년 전부터 재생 용지에 식물성 잉크를 쓴 '친환경 명함'을 갖고 다니는 그는 "바다가 없으면 수산 자원도 없다"고 강조했다. 취임 직후인 2014년 3월 '글로벌 준법 경영 위원회'를 신설하고 미국인 변호사를 사외 이사로 영입, 위원장으로 선임하는 등 지속 가능 경영을 위한 제도를 마련하기도 했다.

그는 지속 가능한 수산업을 위한 글로벌 기업들의 회의인 '시보스

(SeaBOS:Seafood Business for Ocean Stewardship)'의 멤버로 적극 활동하고 있다. 스웨덴 스톡홀름대 연구 기관의 '지속 가능한 수산업' 관련 논문에서 시작된 이 회의는 스웨덴의 빅토리아 공주와 동원산업 등이 주축이 돼 이끌고 있다. 동원산업 외에 마루하 니치로, 일본수산, 모위, 타이유니온, CP푸드 등 글로벌 수산기업들이 속해 있다.

이 사장은 "SeaBOS는 세계에서 가장 영향력이 있는 수산 식품 기업 10곳의 최고 경영자(CEO)들의 자발적인 모임으로, 지속 가능한 바다를 위한 의제 설정과 활동을 하고 있다"고 했다.

■ 이명우 사장 프로필

△1954년 부산 출생
△부산고 졸업
△서울대 미학과 졸업
△미국 펜실베이니아대 와튼스쿨 경영학 석사
△한양대 경영학 박사
△1977년 삼성전자 입사
△1998년 삼성전자 미국 가전부문 대표
△2001년 소니코리아 사장
△2006년 한국코카콜라보틀링 회장
△2010년 한양대 경영대학 특임교수
△2013~2018년 포스코 사외이사
△2014년~ 동원산업 사장

10

"고급스런 맛과 친절함에 반해"···
美 전역서 단골 만든 파리바게뜨

아시아경제 최신혜 기자 2019.11.12.

발효부터 굽는 과정까지 직접 매장서 진행

진열대에서 직접 빵 선택··· 현지인들 선호

"2030년까지 미 전역에 1,000개 지점 오픈 목표"

"프랑스에서 25년 거주한 사람으로서, 이곳 파리바게뜨 베이커리와 커피 맛은 단연 최고라고 생각합니다. 직원들의 친절함에 반해 매일 이곳으로 출근하다시피 하고 있어요."

미국 캘리포니아 엔시노 지역에 위치한 파리바게뜨 매장이 핼러윈을 앞두고 귀엽게 단장한 모습

지난달 29일(현지 시간) 오전 미국 캘리포니아주 로스앤젤레스(LA) 엔시노 파리바게뜨 매장에서 만난 샘(65)은 연신 환한 미소를 지으며 엄지손가락을 치켜세웠다. 함께 페르시안 팝 뮤직 밴드에

소속돼 있다는 알렉스(49) 역시 "크루아상, 베이글, 카푸치노 맛이 매우 뛰어나다"며 "친구들과 매일 스타벅스를 찾다 이곳 파리바게뜨로 단골 가게를 바꿨다"고 만족감을 드러냈다.

2017년 2월 문을 연 파리바게뜨 엔시노 매장은 로스앤젤레스 LAX 공항, 혹은 코리아타운에서 차로 30여 분 거리에 위치했다. 베버리힐스 위쪽에 위치해 있어 은퇴 후 자연을 찾아 새로 정착한 부호들이 많은 동네다. 제니퍼 박 SPC그룹 지역 매니저는 "엔시노는 아시아 사람들이 거의 없는 백인 위주 메인스트림 지역이지만 지점 매출이 미국 서부에서 1등에 달해 파리바게뜨가 성공적으로 정착한 대표 지점으로 꼽힌다"고 설명했다.

이날 약 62평 매장 곳곳에는 귀여운 호박 장식들이 비치돼 시종일관 밝은 분위기였다. 10월 31일 헬러윈 데이를 앞두고 각별히 신경을 쓴 덕분이다. 제니퍼 매니저는 "파리바게뜨의 글로벌 기조도 그렇지만 6개월 전 새로 부임한 새 점장이 손님과의 소통, 밝은 이미지를 중요시 여기고 있다"며 "덕분에 단골 손님의 비중이 40%에 달한다"고 말했다. 엔시노점을 찾는 일 평균 고객은 500여 명. 월 평균으로는 1만 5,000여 명의 고객이 매장을 찾는다.

미국인이 파리바게뜨에 열광하는 이유 중 하나는 발효부터 굽는 과정까지 직접 매장에서 진행한다는 사실이다. 특히 일반 카페의 경우 패키징 된 차가운 베이커리류를 판매하지만 파리바게뜨를 찾으면 갓 구운 빵부터 핫샌드위치까지 신선한 메뉴를 맛볼 수 있어 인기가 높다. 품질은 뛰어나지만 가격은 2달러 50~3달러 50센트 정도로 미국 베이커리 평균 수준이다. 미국 내 일반 베이커리와 달리 진열대에서 직접 빵을 골라 계산할 수 있다는 점도 현지인들에게 어필할 수 있는 매력이 됐다.

이곳 엔시노점의 페이스트리류 인기 메뉴는 크루아상, 블루베리 크림치즈, 바게뜨, 꽈배기 도넛 등이다. 특히 크루아상의 경우 일 평균 45~50개 정도 팔려나간다. 제니퍼 매니저는 "특히 페이스트리보다 샌드위치 비중이 더 높은 데다 매출 또한 지속적으로 오르고 있다"며 "치킨 페스토 샌드위치 등 핫샌드위치 등이 현지인들에게 인기 만점"이라고 설명했다. 지나치게 달고 호두크림을 주로 사용하는 미국 케이크에 비해 생크림을 이용해 부드럽고 담백한 맛을 강조한 케이크류도 인기가 높다.

같은 날 LA 한인타운에 위치한 파리바게뜨의 분위기 역시 밝았으며 손님으로 북적거렸다. 이원상 매니저는 "알렉산드리아 지점 매출은 남가주에서 1~2위를 다툴 정도로 높다"며 "장사가 잘 돼 직영에서 가맹점으로 전환 작업을 거치고 있다"고 말했다. 인기 메뉴, 진열대 풍경은 엔시노점과 사뭇 달랐다. 아시안 고객 비중이 80%, 한국인 고객 비중이 50%에 달하는 알렉산드리아 지점에서는 단팥빵이 판매량 1위를 기록하고 있었다. 엔시노점에 비해 한국인이 즐겨 찾는 식빵류 등도 많이 진열돼 있었다. 한국인들은 아침 식사 등으로 식빵을 즐겨 먹지만, 미국 내 한인 마트에서 식빵을 거의 판매하지 않기 때문이다. CJ CGV 등이 입점한 마당몰에 위치한 파리바게뜨 역시 한국인을 비롯한 아시안 손님으로 발 디딜 틈 없었다.

파리바게뜨 미국 법인의 목표는 2030년까지 1,000개 지점을 오픈하는 것이다. 내년, 뉴욕에만 6곳 매장이 오픈을 앞두고 있으며 올해 말까지 미주 가맹점을 7곳 늘린 38곳으로 확장할 예정이다. 이번 달 프레몬트, 플레전턴 등 두 곳에 새 매장이 생긴다. 파리바게뜨는 2002년 현지 법인을 설립한 이후 현재 미국 내 79개 매장을 운영 중이다. 서부 지역에만 44개 매장이 있다. SPC 관계자는 "2016년 5월 세너제이 호스테터점을 시작으로 본격적인 가맹 사업을 시작했다"며 "가맹 사업이 본궤도에 오르면 미국 어느 도시에 가도 파리바게뜨 간판을 볼 수 있을 것"이라고 자신했다.

11

본트리, 美 홈쇼핑서 대박…
'천연 뷰티' 통했다

한국경제 심성미 기자 12.06.

더페이스샵, 네이처리퍼블릭 창업 멤버의 세 번째 도전
이장우 본트리 대표

"11분 만에 매진입니다!"

지난 9월 미국 HNS 홈쇼핑에서 본트리의 '보르텐 크림'이 방송을 타자마자 순식간에 매진됐다. 시험 삼아 내놓은 초도 물량 10만 달러(약 1억 2,000만 원)어치가 완판되자 홈쇼핑 관계자들은 깜짝 놀랐다. 흥분한 홈쇼핑 업체는 곧바로 두 번째 방송 스케줄을 잡았다. 두 번째 방송은 더 빨리 매진됐다. 7분 만에 25만 달러(약 3억 원)어치가 팔려나간 것. 한국 화장품 브랜드치고 이례적인 판매량이었다.

이장우 본트리 대표(사진)는 "안전한 원료만 쓴 데다 지금까지 '가슴 크림'에만 사용되던 지방세포 증진 필러를 화장품에 처음으로 적용한 게 주효했다"고 말했다.

더페이스샵 창업 멤버의 새 브랜드

이 대표는 더페이스샵 창업 멤버 세 명 중 한 사람이다. 2003년 더페이스샵 브랜드를 만들어 화장품 시장에서 돌풍을 일으킨 주인공이다. 이 대표는 상품 개발과 마케팅 분야를 맡았다. 당시 급부상 중이던 미샤보다 고급화한 브랜드로 가겠다는 게 이 대표의 아이디어였다. 2009년 창업 멤버로 설립한 네이처리퍼블릭 역시 '대박'이 났다. 베스트셀러인 '알로에 수딩젤'이 그의 작품이다. 2011년 회사를 나와 2014년 창업한 게 본트리다.

새 회사를 세우면서 잡은 브랜드 콘셉트는 '클린 뷰티'. 국내외에서 천연 원료 선호도가 높아지는 트렌드를 일찌감치 눈여겨본 게 영향을 미쳤다.

이 대표는 "전 제품에 미국 비영리 환경 단체 EWG가 그린 등급으로 분류한 원료만 사용하고 있다"고 말했다.

첫 베스트셀러 상품은 '골드밀크 스팀 크림.' 누적 판매량이 40만 개에 달한다.

이 대표는 "세타필, 니베아처럼 아이와 부모가 함께 부담 없이 쓸 수 있는 순한 제품으로 기획했다"며 "쿠팡에서 '크림' 키워드 제품 중 판매량 1위에 올랐다"고 말했다. 최근 내놓은 '라이크 스카이 리프티 앰플 스킨'도 반응이 좋다. 홍차, 감잎차 등 여섯 가지 차를 우려낸 게 주성분이다.

해외 대박 비결은 '클린 뷰티'

그가 세 번째 창업에 도전한 시기는 더페이스샵 미샤 등 가두점의 인기가 시들해지고 드러그 스토어의 인기가 높아지던 때였다. 그는 "익숙했던 가두점 체제 대신 과감하게 온라인 유통 전략을 밀고 나갔다"며 "K 뷰티 붐이 일기 시작하면서 해외 시장을 주로 공략하겠다는 목표도 세웠다"고 설명했다.

미국 시장에 공들인 끝에 지난 9월부터 판매량이 올라갔다. 미국 HNS 홈쇼핑 등에서 반응이 오기 시작했다. 대박 난 제품은 '닥터트리 보르텐 크림'. 소위 '가슴 크림'이라 불리는 제품의 주요 원료인 보르피린을 적용, 피부의 지방 세포를 증진시켜 탄력감을 개선하는 제품이다. 이 대표는 "가두점에서 흔히 판매되는 '미투 제품' 말고 독자적인 제품을 개발하자는 고민 끝에 나온 제품"이라고 말했다. 본트리의 가능성을 본 HNS는 여덟 가지 제품을 한꺼번에 방송하기로 계약했다. 한국 화장품 브랜드 중 여덟 가지 제품 구성으로 방송을 내보낸 것은 처음이라고 이 대표는 설명했다.

홈쇼핑 반응에 힘입어 미국 코스트코 50개 매장과 입점 계약을 맺었다. 내년 초엔 미국 고급 백화점인 뉴먼 마커스 5개 점에도 납품할 예정이다.

이 대표는 "내년부터 미국, 중국, 영국 등 주요 해외시장에서 인지도를 높이는 데 주력할 것"이라며 "내년 150억 원 연 매출은 무난하게 달성할 것으로 보고 있다"고 말했다.

12

일본에서도 줄 섰다,
한국 청년의 100만 원 혁신 아이템

조선일보 박유연 기자, 디자인=조윤주 2019.12.27.

스마트폰 등으로 공장 원격 제어하는 시스템

폴리텍대 나와 미국 개발 업체 취업

귀국해서 컨트롤러 개발 업체 창업

학교에서 배운 게 얼마나 쓸모 있을까 생각 들 때가 있다. 학교에서 배운 기술로 창업해서 수십억 매출 회사를 만든 '빛컨' 김민규 대표를 만났다.

스마트폰으로 공정 확인

빛컨은 모듈형 사물인터넷(IoT) 기기 '모드링크'를 만드는 회사다. 모드링크는 공장에서 내가 원하는 공정을 원격으로 컨트롤하고 확인할 수 있는 장치다. 컨트롤하고 싶은 기계에 설치하면 된다. 기본 장치를 다양하게 변형시켜서 맞춤형 장치를 만들 수 있어서, 어떤 공장의 어떤 공정도 컨트롤할 수 있다.

한 스타트업 발표회에서 모드링크를 설명하고 있는 김민규 대표 ⓒ 빛컨 제공

발효 상태를 실시간 점검할 목적으로 맥주 양조장에 모드링크를 설치한 사례가 있다. 맥주가 발효돼서 얼마의 알코올 도수가 됐는지 모드링크가 실시간 측정해서 담당자의 스마트폰이나 컴퓨터로 보내준다. 담당자는 양조장에 가지 않고도 스마트폰의 전용 어플리케이션이나 컴퓨터의 웹 접속으로 확인할 수 있다.

초밥 만드는 기계에 설치해서 모드링크로 초밥 만드는 속도와 밥의 밀도 등을 조절하는 사례도 있다.

"옆에서 공정을 지키고 있지 않아도 되고, 원격 조정을 하다가 문제가 확인되면 가서 조치하면 됩니다. 모드링크를 설치하는 것만으로 일반 시설도 스마트 공장이 될 수 있습니다."

미국 2년 다녀와 창업

공고를 졸업하고 폴리텍대에 진학했다.

"등록금이 저렴하더라고요. 기술을 깊게 배우는 것도 마음에 들고요. 거창 캠퍼스에서 전문 학사 과정으로 '메카트로닉스'를 전공했습니다."

기계를 가동하는 '컨트롤러' 개발을 주로 배웠다. 컨트롤러는 기계에 설치해서 입력값대로 기계를 자동으로 조작하는 장치다. 해당 기계를 자동화할 수 있다. 기존 설비 그대로 공장 자동화를 원하는 기업들이 컨트롤러를 설치한다.

"미쓰비시, 지멘스, LS산전 같은 기업이 컨트롤러 만드는 대표적인 기업입니다. 중소기업들도 많이 만듭니다."

폴리텍대에서 생산자동화산업기사를 취득하고 졸업한 뒤 중소 컨트롤러 제조 업체에서 3년 일했다. 신제품 개발 업무를 맡았다.

일하던 업체와 고객 관계에 있던, 미국에서 컨트롤러 제조업을 하는 한국인 사장을 알게 됐다. 실력을 보고 입사를 권유받아 미국 필라델피아로 건너갔다.

"컨베이어 시스템을 자동화하는 컨트롤러 개발을 맡아서 일했습니다. 영어를 잘하지 못했는데요. 세계의 중심에서 새로운 기술과 새로운 세상을 보고 싶어 건너간 것이었습니다. 언어 장벽과 비싼 월세 때문에 고생했지만 좋은 경험이었습니다."

2년 후 한국으로 돌아와 컨트롤러 개발 업체를 차렸다. 기술력을 인정받아 직원이 10명까지 갔고 정부 R&D 사업도 여럿 수주했다. 2015년 '모드링크'로 업종 전환을 했다.

"모든 기계가 사물인터넷을 통해 스마트폰과 연결되고 있습니다. 공장 자동화도 사물인터넷을 통하는 게 대세가 될 것으로 보고 모드링크 개발에 돌입했습니다."

어떤 공장도 스마트 공장으로 변신

모드링크는 여러 기술이 결합돼 만들어진다. 회로 기판에 다양한 부품을 배치하고 원하는 프로그래밍도 넣어야 제 기능을 한다. 하드웨어, 소프트웨어, 웹, 앱, 서버 등 여러 분야 전문가들의 공동 개발이 필요하다.

"기존 사업하면서 알던 분들을 모셔서요. 함께 회사를 차려 공동 개발을 했습니다. 저 혼자 했다면 완성하지 못했을 겁니다. 제 엔지니어 인생의 마지막 작품이라는 생각으로 함께 열심히 만들었습니다."

열심히 했더니 좋은 제품이 나왔다. 어떤 기계건 모드링크를 설치하면, 기계와 멀리 있어도 스마트폰이나 컴퓨터를 통해 공정을 컨트롤하고 확인할 수 있는 것이다. 가장 큰 장점은 저렴한 설치 비용이다. 컨트롤러는 대당 수억 원의 비용이 드는데 모드링크는 100만 원이면 설치가 가능하다.

제품 홍보 목적으로 크라우드 펀딩 사이트에 모드링크를 선보였다. 투자자 호평이 줄을 이으면서 목표 모금액을 훌쩍 넘겨 목표액의 260%를 펀딩 받았다. 신용보증기금에서 제품을 인정받아 신보가 관리하는 '퍼스트펭귄 기업'으로 선정돼 30억 원의 보증 지원도 받았다.

이후 자동차 부품 공장, 막걸리 공장, 육가공 공장, 김치찌개 공장, 닭갈비 공장 등에 줄줄이 모드링크를 공급했다. 기업들의 설치 요청이 오면 해당 기업의 제품과 공정에 맞게 별도 개발을 해서 공급한다.

"갖고 있는 버전 중에서 맞는 것을 골라 맞춤 제작을 해줍니다."

다양하게 쓰이고 있다. 막걸리 공장에 설치된 모드링크는 막걸리 발효에 적합한 온도에 이상이 생길 경우 바로 관리자 스마트폰이나

PC로 알려준다. 그러면 관리자가 가서 조치할 수 있다. 또 육가공 공장에 설치된 모드링크는 직원들이 포장하는 고기 무게에 오차가 생길 경우 이상 신호를 내서 관리하도록 한다.

"내가 현장에 있지 않아도, 바로 옆에서 지키지 않아도 현장을 컨트롤하고 공정을 확인할 수 있습니다. 찜질방 등에서 안마의자를 운영하는 업체를 예로 들면요. 내 스마트폰으로 안마의자 온오프 전원 관리를 할 수 있고, 사용자가 넣은 돈에 따라 안마의자 작동 시간을 원격으로 제어할 수 있습니다. 요금별로 안마의자 작동 시간을 다양하게 조절해서, 다양한 소비자 니즈를 맞출 수 있죠. 또 요금이 얼마나 쌓였는지 스마트폰으로 확인해서 실시간 매출 관리를 할 수 있습니다."

매출 6배로 커져

여러 기업 납품에 성공하면서 2016년 5억 원이었던 매출은 작년 28억 원으로 늘었다. 일본에 지사를 세워 일본 수출도 시작했고, 지난 3월 모교인 폴리텍대학과 스마트 공장 활성화를 위한 MOU를 맺기도 했다.

"모드링크를 계속 다양한 버전으로 개발하고 있습니다. 어떤 공장이나 기계에도 적용할 수 있게요. 현재 모드링크 버전이 40개인데 곧 400개로 늘릴 계획입니다. 보다 많은 기업들이 이용할 수 있게 될 겁니다."

– CEO로서 본인의 경쟁력이 뭐라고 생각하세요.

"어떤 가능성도 닫아두지 않고 유연하게 대처하는 거요. 다양한 모드링크를 만들려면 사고를 가능한 열어둬야 하는데요, 그 노력이 많은 도움이 됩니다. 상황이나 상대의 변화에 맞춰 적절한 대응을 하는 노력이 중요한 것 같습니다."

- 앞으로 비전은요.

"공장 자동화는 돈이 무척 많이 듭니다. 그래서 중소기업들은 엄두 내지 못하죠. 모드링크는 100만 원이면 설치 가능합니다. 중소기업들이 적은 돈으로도 4차 산업혁명 시대에 대응할 수 있도록 돕고 싶습니다. 저렴한 스마트 공장 구축 시스템의 선두주자가 되겠습니다."

13

부산시 "극지 관문도시로"…
남북극 5개 도시와 교류 협정 체결

한겨레 부산 김광수 기자 2020.01.23.

26일엔 8박 12일 일정 남극 체험 탐험대 파견
제2 쇄빙선 모항 유치와 극지 타운 조성도 추진

지구의 맨 위쪽엔 바닷물이 얼어서 형성된 거대한 얼음덩어리가 떠 있다. 북극이다. 지구 표면의 온도가 상승하는 온난화가 계속되면서 북극의 얼음덩어리는 빠르게 녹고 있다. 이상 기후의 원인이 되기도 하지만 꽁꽁 얼어붙은 얼음이 깨지면서 북극을 통과하는 뱃길이 열린다. 아시아에서 유럽까지 운항 거리가 40%까지 단축될 것으로 예상하면서 여러 국가가 북극 항로 개발에 열을 올리고 있다. 북극의 바다 밑에는 아직 개발되지 않은 석유의 13%와 미개발 천연가스의 30%가 묻혀 있고 석탄, 금, 은 등도 많이 매장되어 있는 것으로 알려졌다.

한국은 2002년 4월 노르웨이령 스발바드 군도 스피츠베르겐섬에 위치한 니알슨 과학 기지촌에 세계 12번째 북극 과학 기지인 다산 과학 기지(연건축 면적 216㎡)를 만들었다. 다산 과학 기지는 서울에서

국가별 남극기지 위치도

남극 세종 과학 기지와 장보고 과학 기지 위치도 ©
나무위키

6,400㎞가량 떨어진 곳이며 연평균 기온이 영하 6.3도다. 겨울엔 영하 37도까지 내려간다. 연구원들이 상주하지 않고 여름인 6~9월에 방문해 기후 변화와 생태계 등을 조사하고 연구한다.

북극의 정반대인 남극은 단단하고 두꺼운 얼음덩어리가 커다란 땅을 뒤덮고 있다. 남극의 면적은 1,400만㎢이고 지구 육지 表면적의 9.3%에 해당한다. 한반도 면적의 62배다. 현재 29개국이 월동이 가능한 41개 기지를 두고 있다.

한국은 1985년 17명의 탐험대가 남극 땅을 처음 밟았다. 이어 1988년 서남극 남극반도에 평행하게 발달한 남쉐틀랜드 군도의 킹조지섬에 세종 과학 기지를 건설했다. 서울에서 1만 7,240㎞ 떨어진 곳이다. 건물은 16채이고 연면적 5,864㎡ 규모다. 평균 기온은 영하 1.8도이고 겨울엔 영하 25.6도까지 내려간다.

2014년에는 동남극 북빅토리아랜드 테라노바만 연안(오스트레일리아와 뉴질랜드 남쪽)에 두 번째 남극 기지를 건설했다. 장보고 과학 기지다. 서울에서 1만 2,730㎞ 떨어진 곳이다. 건물은 16채이고 연면적

4,661㎡ 규모다. 평균 기온은 영하 15.1도이고 겨울엔 영하 36.4도까지 내려간다. 세종 과학 기지와 장보고 과학 기지의 연구원들은 상주하며 남극의 기후와 생태계 등을 연구한다.

2009년에 남극과 북극 개척과 연구에 박차를 가하기 위해 두꺼운 얼음을 깨면서 항해하는 쇄빙선 '아라온호'를 1,080억 원을 들여 건조했다. 길이 111m, 너비 19m, 7,507t, 승선 인원 85명의 아라온호는 남극과 북극의 기지에 연구원들을 데려다 주고 연구원들이 먹을 식량과 연료 등을 보급하고 남극과 북극 결빙 해역에서 기후 변화와 오존층 연구 등을 한다.

부산시가 지방 정부로서는 이례적으로 남극, 북극 등 극지방에 공을 들이고 있다.

부산시는 "2021년까지 남극으로 향하는 5대 관문도시인 뉴질랜드 크라이스트처치, 칠레 마젤란주(마가야네스주), 아르헨티나 우수아이아, 남아프리카공화국 케이프타운, 오스트레일리아 호바트, 북극으로 향하는 관문도시인 노르웨이 트롬쇠와 차례로 교류 협정을 맺을 계획"이라고 23일 밝혔다.

먼저 2017년 3월 서병수 전 부산 시장이 장보고 과학 기지의 관문도시인 뉴질랜드 크라이스트처치를 방문해 두 도시와 해양수산부 산하 비영리 사단법인인 극지해양미래포럼, 뉴질랜드 남극 사무소가 극지 분야 교류 협력을 약속하는 양해 각서를 체결했다. 오는 29일(현지 시간 28일)엔 세종 과학 기지의 관문도시인 칠레 마젤란주 주도 푼타아레나스시 청사 회의실에서 부산시와 마젤란주가 극지 분야 교류 협력을 약속하는 양해 각서를 체결한다.

부산시는 지방 정부로선 처음으로 열흘가량 일정의 남극 체험 탐험대도 파견한다. 탐험대는 지난달 26일 부경대에서 열린 극지 상식 및 골든벨대회에서 100대 1의 경쟁률을 뚫은 20명 가운데 면접을 통해 선발한 고교생 4명과 박진석 부산시 해양수산물류국장, 극지해양미래포럼 관계자 등 12명으로 꾸렸다. 탐험 대장은 1985년 16명의 남극 탐험 대원들과 남극 땅을 밟았고 세종 과학 기지 건설에 참여하고 1차 월동 대원을 지낸 이동화 극지해양미래포럼 부운영위원장이 맡는다.

탐험대는 한국 시간 26일 오후 2시 인천 공항을 출발해 파리와 칠레 산티아고를 거쳐 현지 시간 27일 푼타아레스시에 도착한다. 현지 시간 28일 칠레 극지 연구소와 연구 시설을 둘러보고 마젤란주와 부산시의 양해 각서 체결식에 참석한다. 현지 시간 29일 남극 연구소와 한국·칠레 남극협력센터를 방문하고 현지 시간 30일 전세기를 타고 프레이 공군 기지에 도착한 뒤 보트를 타고 세종 과학 기지에 도착한다. 세종 과학 기지에서 남극 생물 서식지를 탐방하고 연구원들의 빙하 연구 등을 관찰한다. 세종 과학 기지에서 관리하는 특별 보호 구역인 펭귄마을을 방문하고 중국, 러시아 남극 기지 등을 돌아본 뒤 한국 시간 다음 달 6일 인천 공항에 도착한다. 탐험대 비용 일부는 부산의 향토 기업 세운철강과 부산은행 등에서 후원했다.

탐원 대원인 박주성 부산고 1학년은 "남극 황제펭귄의 몸에서 수은이 검출됐다는 얘기를 듣고 놀랐다. 중금속이 몸에 쌓여가고 있는 남극의 펭귄이 어떤 생태계 환경에서 살고 있는지 확인하고 싶다"고 말

246

했다. 김민성 부산과학고 1학년은 "학교에서 생물과 지질을 공부하면서 세종 과학 기지에서 기후 연구를 어떻게 하는지 궁금했다. 이번에 직접 체험하고 느껴보고 싶다"고 말했다. 김민서 부산외국어고 2학년은 "지구 온난화에 관련한 논문을 쓰면서 남극에 대한 관심이 많아졌고 환경 분야에서 일하고 싶어졌는데 남극 체험이 진로 설정에 도움이 될 것 같다"고 말했다.

부산시가 극지에 관심을 기울이는 것은 부산을 동북아 극지 관문도시로 만들기 위해서다. 부산이 대륙에서 대양으로 진출하는 출구라는 지리적 이점을 활용해 극지권 나라들과 적극적으로 교류해 도시 위상을 높이겠다는 것이다.

실제로 부산시는 남구 용호만 매립지 2만 3천㎡에 극지 연구 실용화 센터, 극지 체험관 등이 들어서는 극지 타운을 조성할 계획이다. 영도구 동삼동 혁신 지구에는 국비 1,500억 원을 들여 5개 입주 연구기관의 연구 조사선 16척이 접안할 수 있는 전용 부두도 건설할 방침이다.

오거돈 부산 시장은 "이제 세계는 해양의 시대를 넘어 극지의 시대로 나아가고 있다. 극지 산업은 부산의 미래를 좌우할 중요한 분야가 될 것이고 지역 기업의 일자리 창출에도 기여할 것이다. 부산시가 극지에 진출하는 방안을 계속 모색하겠다"고 말했다.

14

'싱가포르 빅3 온라인몰'
뚫은 깨끗한나라

한국경제 윤희은 기자 2020.04.16.

최현수 대표 해외 진출 승부

라자다·쇼피·큐텐에 정식 입점

화장지와 물티슈 등 판매

코로나로 한국산 위생용품 인기

생활용품기업 깨끗한나라가 싱가포르 등 글로벌 시장 진출을 확대
한다. 지난달 사장으로 승진한 최현수 대표(사진)가 '글로벌 승부수'를
통해 본격적인 실적 개선에 나섰다는 평가가 나온다.

깨끗한나라는 이달 초 싱가포르 3대 전자 상거래 플랫폼인 '라자다'
와 '쇼피', '큐텐'에 정식 입점했다고 16일 밝혔다. 입점된 상품은 두루
마리 화장지, 물티슈, 생리대 등 깨끗한나라의 주력 생활용품들이다.
특히 '순수한면 제로' 생리대의 현지 인기가 높은 것으로 알려졌다.

깨끗한나라는 2013년 중국에 유아용품 전문 브랜드 '보솜이'를 출시

하며 해외로 나서
기 시작했다. 이
후 2017년 1월 홍
콩 시장을 겨냥한
수출용 '보솜이
아기물티슈'를 선

보였고, 2018년에는 중국의 온라인 쇼핑몰인 '징둥닷컴'과 '티몰'에 차
례로 입점했다.

　현재 진출한 국가는 중국과 홍콩, 대만, 싱가포르 등이다. 이 중 가
장 큰 수출 시장은 중국이다. '한류 기저귀'로 불리는 보솜이 기저귀를
통해 다수의 고정 소비자를 확보했다.

　깨끗한나라는 중국에 이어 싱가포르를 차기 글로벌 시장 거점으로
잡고 있다. 싱가포르 3대 온라인 채널을 기반으로 현지 인지도를 쌓
은 후 오프라인 채널로 진출하는 전략을 세우고 있다. 이를 위한 마케
팅 활동을 강화하는 한편 싱가포르 유명 슈퍼마켓인 '페어 프라이스'
오프라인 매장 입점을 추진하고 있다.

　깨끗한나라 관계자는 "싱가포르는 전 인구의 80% 이상이 휴대폰을
사용하는 e커머스 요충지"라며 "이번에 입점한 라자다, 쇼피, 큐텐은
'동남아시아의 아마존'이라 불리는 현지 최대 온라인 플랫폼이기 때문
에 깨끗한나라를 알리는 데 큰 효과를 볼 수 있을 것으로 기대하고 있
다"고 설명했다.

이번 싱가포르 진출을 두고 제지업계에서는 "오너가 2세인 최 대표가 글로벌 전략으로 승부수를 둔 것"이라고 분석하고 있다. 최 대표는 최병민 깨끗한나라 회장의 장녀다. 지난해 2월 각자 대표 부사장에 오르며 본격적인 경영에 나섰다.

최 대표 취임 후 깨끗한나라는 빠르게 체질을 개선하고 있다. 지난해 상반기 실적 부진에 시달리며 매각설까지 나왔지만, 결과적으로 지난해 4분기 전년 동기보다 74% 늘어난 96억 원의 영업 이익을 기록하며 흑자 전환했다. 이는 최근 3년간 분기 기준 최대 실적이다.

최근에는 신종 코로나바이러스 감염증(코로나19) 여파로 제지주가 뛰면서 1년 10개월 만에 최고 주가를 기록했다. 지난 8일 깨끗한나라 주가는 한 달 전(3,230원)보다 50% 상승한 4,875원까지 올랐다. 2018년 6월 이후 4,800원 수준을 다시 회복한 것이다.

깨끗한나라 관계자는 "올해부터 싱가포르를 시작으로 세계 시장을 적극적으로 공략할 방침"이라며 "생리대, 물티슈 등 해외에 선보일 다양한 고품질 생활용품을 준비하고 있다"고 말했다.

5장

K방역을 미래 수출 유망품목으로

전 국민이 힘과 지혜를 모아 코로나19 퇴치에 만전을 기해야 하겠습니다. 차별화된 방역 노하우를 터득하여 미래 수출 유망품목으로 육성시켜야 할 것입니다.

1

손미나, 스페인 이어 멕시코 방송 출연
→韓 코로나19 대처 소개 "비범하고 감동"

스포츠조선 이우주 기자 2020.04.06.

KBS 아나운서 출신 작가 손미나가 스페인 방송에 이어 멕시코 방송에 출연하며 한국의 코로나19 대처 상황에 대해 밝혔다.

손미나는 5일 자신의 인스타그램을 통해 "라틴아메리카 최대 미디어 텔레비세에서 제작하는 멕시코의 인기 시사 프로그램 인터뷰 소식이 유튜브에 업로드되었다"고 밝혔다.

손미나는 "사생활 침해 관련 큰 오해가 있어 바로잡고, 스페인 방송 때 시간 관계상 언급하지 못한 마스크 관련 내용을 자세히 전했다"며 "이번에도 우리 대한민국의 사례와 시민의식에 대해 스펙과 멋짐 쩌는 베테랑 여기자이자 인기 앵커인 데니스 마에르케르는 '비범한 사례이고 감동적이기까지 하다'라고 극찬을 했다"고 설명했다. 이어 "중남미 최대 경제국인 멕시코도 인구의 반 이상이 빈곤층일 정도로 라틴아메리카는 빈부의 격차가 심하고 의료 체계나 시스템이 갖춰져 있지 않다. 얼마나 고통스럽고 참혹한 시간이 닥칠지 가늠하기도 힘든 그곳에서 제 인터뷰가, 우리 한국의 이야기가 큰 도움이 되었다고 수없이 '감사합니다'를 연발하는데 마음이 찡했다"며 "숨막히는 자연으로 힐링을 주고 따뜻한 정과 사랑을 듬뿍 베풀어준 엄청난 역사의 땅 라틴아메리카를 위해 기도할 건데 여러분도 마음을 모아 달라"고 덧붙였다.

손미나는 앞서 스페인 국민 아나운서 수사나 그리소가 진행하는 시사 토크쇼 '국민의 거울'에 출연, 한국의 코로나19 방역과 대응법에 대해 소개했다. 특히 손미나는 해외에 잘못 알려진 확진자 동선 공개 및 개인정보 유출 사항에 대해 해명했고, 이에 수사나 그리소는 "한국은 시민 정신과 철저하고 완벽한 방역의 최고 모범 사례. 이 사례는 역사에 기록될 것"이라며 감탄했다.

이 방송이 화제가 되며 국내에도 알려지자 손미나는 "온 국민이 각자의 자리에서 노력해 만들어낸 일들을 그저 열심히 전했을 뿐인데 과분한 칭찬을 받았다"며 "국가대표 인터뷰어처럼 앞으로도 줄줄이 내일 스페인, 멕시코를 비롯해 중남미 국가들 방송 출연이 잡혀있는데 여러분 의견 수렴해서 우리나라 이미지도 높이고 그들에게도 도움이 되도록 노력하겠다"고 다짐했다.

한편, 손미나는 1997년 KBS 24기 공채아나운서로 입사, 2007년

퇴사 후 여행 작가로 변신했다.

다음은 손미나 SNS 글 전문

라틴아메리카 최대 미디어그룹 텔레비세에서 제작하는 멕시코의 인기 시사 프로그램 인터뷰 소식이 유튜브에 업로드되었습니다~!

사생활 침해 관련 큰 오해가 있어 바로잡고, 스페인 방송 때 시간 관계상 언급하지 못한 마스크 관련 내용을 자세히 전했어요. 많은 분들이 정말 좋은, 그리고 적극적인 피드백을 주신 덕분입니다~^^ 이번에도 우리 대한민국의 사례와 시민의식에 대해 스팩과 멋짐 쩌는 베테랑 여기자이자 인기 앵커인 데니스 마에르케르는 "비범한 사례이고 감동적이기까지 하다"라고 극찬을 했답니다.

중남미 최대 경제국인 멕시코도 인구의 반 이상이 빈곤층일 정도로 라틴아메리카는 빈부의 격차가 심하고 의료 체계나 시스템이 갖춰져 있지 않아요. 얼마나 고통스럽고 참혹한 시간이 닥칠지 가늠하기도 힘든 그곳에서 제 인터뷰가, 우리 한국의 이야기가 큰 도움이 되었다고 수없이 '감사합니다'를 연발하는데 마음이 찡했어요.
유튜브 방문하셔서 응원 많이 해주시고요, 숨 막히는 자연으로 힐링을 주고 따뜻한 정과 사랑을 듬뿍 베풀어준 엄청난 역사의 땅 라틴아메리카를 위해 기도할 건데 여러분도 마음을 모아 주세요!

2

"예배당 예배만 고집해선 안 돼…
지금은 사회적 거리두기가 더 절실"

조선일보 조홍복 기자 2020.04.09.

어느 개신교 목사가 교인에게 띄우는 '코로나 편지'
코로나 팬데믹에 정부 '사회적 거리두기' 호소
일부 교회 예배 강행 속 잔잔한 울림
"위생 관리, 사회적 거리두기가 이웃 사랑 실천"
"예배는 어느 장소든 모든 시간에 가능한 것"

"섣부른 신앙에 사로잡혀 주일 예배당 예배만을 고집하는 것은 주님의 뜻이 아닙니다. 사회적 거리두기가 그 어느 때보다도 절실한 이 시기에 우리의 예배는 '지금, 여기, 내 옆'의 사람들과 함께 드리는 것으로 충분한 것입니다."

광주광역시 한 개척 교회 목사가 지난 7일 교인들에게 보낸 원고지 200자 19매 분량 편지의 주요 내용이다. 40대 Y목사로, 대한예수교장로회(통합) 소속 개신교회 담임 목사다. 코로나 바이러스 감염증 사태가 팬데믹(세계적 대유행)으로 치닫고 있어 정부가 강력한 사회적 거리두기를 주문하는 가운데, 이에 적극 참여하자는 목소리가 개신교에서 나온 것이다. 하지만 여전히 일부 교회가 이를 무시하고 주일 예배를 강행하고 있다.

Y목사는 지난달 1일부터 예배당 예배를 중단하고 6주째 가정 예배로 예배를 대체하고 있다. Y목사는 본지와의 인터뷰에서 "매월 예배당 임대료 60만 원이 부담되기는 한다"며 "하지만 월세를 못 내는 한이 있더라도 코로나 확산을 방지하기 위해 사회적 거리두기에 적극적으로 참여해야 한다고 생각한다"고 말했다. 대한예수교 장로회(통합) 총회는 최근 교단 소속 전국 미자립 교회에 30만 원씩 재정을 지원하기도 했다.

Y목사는 편지에서 "문재인 대통령은 지난 4일 종교인들에게 강력한 사회적 거리두기를 호소했다"며 "그럼에도 일부 개신교회는 지난 5일 주일 예배를 강행했고 이로 인해 개신교 전체가 사회적 지탄을 받고 있는 실정"이라고 했다. 그는 "코로나19의 확산과 관련해 하나님을 믿는 우리는 어떻게 행동해야 할까요?"라고 질문했다. 물론 Y목사는 "하나님을 믿는 우리에게 예배는 가장 소중한 종교 행위 중 하나다. 어쩌면 이보다 더 소중한 일은 없다고 해도 과언이 아닐 것"이라고 말했다.

하지만 그는 "우리는 정부의 지침과 대통령의 부탁에도 불구하고 주일 예배를 강행해야 하는 것일까요? 그것이 하나님을 믿는 이들의 가장 성경적인 행동, 가장 신앙의 양심에 일치하는 행동일까요?"라고 반문했다.

Y 목사는 교인은 '하나님 사랑과 이웃 사랑'을 실천하는 게 가장 중요하다고 강조했다. 그는 "나 자신이 내 이웃을 위협할 무기가 될 수 있게 만드는 게 이 바이러스의 무서운 계략"이라며 "나 자신이 바이러스의 전염원이 되지 않도록 해야 합니다. 이를 위해 우리는 나 자신의 철저한 위생 관리와 사회적 거리두기를 실천해야 합니다"라고 말했다. 또 "그것이 지금 우리 그리스도인이 할 수 있는 진정한 이웃 사랑"이라고 말했다.

그는 끝으로 "하나님은 예배당에만 계신 분이 아니다"라며 "하나님은 한 공동체 구성원이 다 모여야 거기 임하시는 분이 아니다. 하나님은 주일에만, 반드시 정해진 예배당에서만, 너네 우리네 나뉜 성도들끼리만 모여 드리는 예배만 받으시는 분이 아니다. 우리의 예배는 모든 시간에 드려야 하고 모든 장소에서 드려야 한다"고 말했다.

Y목사는 초중고 학생들이 실제 학교에 등교하는 날까지 잠정적으로 예배당 예배를 중단할 계획이다. 그는 "정부의 개학일 결정이 코로나19 진정 단계의 바로미터라고 본다"고 말했다.

3

영동제약주식회사(대표이사 이하영)
코로나 진단 키트 개발… K방역 주역

용인신문 박기현 기자 2020.05.18.

3월 초 개발 성공… 유럽 인증 획득

팬데믹 속 구원 투수 역할 진가 발휘

전 세계 각국서 주문 쇄도 수출 총력

이하영 대표 "빠르고 정확 자부심"

지난 13일 창립 54주년을 맞은 영동제약주식회사(대표이사 이하영)는 매년 직원들과 치렀던 체육대회를 비롯한 떠들썩했던 각종 기념행사를 자제하고 조용한 가운데 가벼운 기념식으로 대신했다. 전 세계를 울린 코로나19는 비록 영동제약의 거창한 창립기념행사는 방해했지만 전 세계에 '영동제약'의 상호를 떨치게 한 고마움으로도 작용했다.

우리나라 새해 첫 명절인 구정 때 즈음, 코로나19는 울적한 명절을 암시했다. 질병관리본부의 호출로 이뤄진 질병 진단 키트 연구 및 제조 전문 국내 선두업체들과의 회의가 진행됐고 코로나19의 심각성을 인지한 업체들은 발 빠른 진단 시약 개발을 시작했다.

그 결과 영동제약 연구진은 3월 초 코로나19 진단 키트 개발에 성공했다. 이어 CEIVD 인증(유럽 인증)을 획득했고 국내에서의 수출 허가도 받아냈다. 미국 FDA의 긴급 사용 승인도 신청해서 기다리는 중이고 그 외 개별 각국의 국가별 인증도 진행 중이다.

이하영 대표는 "우리가 개발한 키트는 일명 PCR 방식으로 불리는 유전자를 이용한 분자 검사로, 최대한 빠르고 정확함을 필요로 하는 코로나19에 가장 적합한 진단 키트"라며 "진단이 늦어지면 그만큼 전파가 확산되기 때문에 빠른 확진 판정 뒤 격리할 수 있도록 시간이 생명"이라고 말했다.

이미 스페인, 포르투갈, 콜롬비아, 이집트, 리비아, 볼리비아, 멕시코 등 유럽을 비롯한 각국에 수출이 이루어진 상태고 이어지는 주문도 쇄도하고 있다. 지금은 밀린 주문을 소화하기 위해 생산 시설을 늘리고 종사 인원도 보강하고 있는 상태다.

이날, 매년 초 진행되는 진급 말고 특별 진급자들이 발표돼, 그들의 기쁨과 함께 각종 포상이 진행됐으며 전 직원 특별 보너스도 지급됐다. 영동제약 창립 54주년 기념행사는 가벼운 기념식으로 치러졌지만 회사와 직원 모두에게는 풍성하고 알찬 행사가 됐다.

처인구 이동읍 서리에 위치한 영동제약주식회사는 지난 1966년 최고 품질의 전문적인 체외 질병 진단용 제품의 제조 및 공급을 통해 인류의 건강 증진에 기여하기 위해 창립됐다.

당시 체외 진단용 시약은 주로 수입에 의존하던 시기였다. 영동제약은 국내 최초로 생화학 매뉴얼 시약을 개발했고 혈액 염색 시약과 소변 검사 스틱을 자체 생산 판매했다.

현재는 100여 명 전 직원들의 끊임없는 연구 개발로 더욱 다양한 체외 진단용 시약 및 분석기를 제조 및 판매하며 국내는 물론 해외 100여 개국에 수출하고 있다.

먼저 유리스캔(Uriscan)과 관련된 유리스캔 시험지, 프로2 뇨분석기, 옵티마2 뇨분석기, 슈퍼전자동 뇨분석기, 유리트롤 등 제품을 생산하고 있으며 글루코텍(Gluco Tech)과 관련된 글루코텍 이지 혈당 측정기와 시험지가 있다.

또 에이스캠(Ace Chem)과 관련해서는 전자동·반자동 분석기용 생화학 시약, 생화학 분석기, 관리 혈청 등 제품이 있으며 임뮨텍(Immun Tech)과 관련해서는 감염성 질환 진단, 종양 표지자 진단, 임신 진단, 심혈 관계 질환 진단 제품이 있다.

여기에 염색(Stain) 관련 제품으로 자궁암 조기 검진을 위한 자동 도말 시스템과 조직 및 세포진 염색 시약, 또 세균 염색 시약, 혈구 염색 시약 등 다양화 됐다.

영동제약은 1985년 YD Strip Glucose, GP, GPH 및 요검사 시험지 전 품목이 미국 FDA 공인을 받았다. 1998년에는 KS A 9002/ISO 9002 인증과 1999년에는 KS A 9001/ISO 9001 인증을 각각 획득했다. 2002년에는 산업자원부로부터 유리스캔 제품이 100대 세계일류 상품에 선정됨과 더불어 중소기업청으로부터 신기술 혁신 기업으로 선정됐다. 2003년에는 ISO 13485 인증을 획득했고 2006년에는 오켈텍(Fecal Occult Blood Test)이 미국 FDA 공인을 받았다.

국제화에 발맞춰 해외 공장도 설립했다. 1998년에는 영동생물기술 북경유한공사를 설립했으며 2001년에는 영동제약 주식회사 태국 판매 법인을 설립했고 2009년에는 세계 일류화 상품에 선정됐다.

이 대표는 "국내 최초의 체외 진단용 제품 전문 제조업체라는 자긍심을 바탕으로 최고의 품질과 신속 정확한 서비스로 고객 만족을 위해 노력할 것"이라고 말했다.

4

"한국산 코로나 진단 키트 보내달라"…
전 세계서 주문 쇄도

한국경제 2020.05.21.

인성검사 이렇게 준비하라

인터넷서 미리 테스트해봐라

응시 전 컨디션 조절이 중요

기분 좋으면 점수 더 나와

솔직하라, 면접관에겐 보인다

평소 약점 스스로 고쳐라

솔젠트가 긴급 사용 승인을 받은 진단 키트
ⓒ 한경DB

신종 코로나바이러스 감염증(코로나19)이 전 세계에 확산된 가운데 국산 진단 키트 주문이 쇄도하고 있다.

21일 식품의약품안전처에 따르면 국내에서 수출용 허가를 받은 코로나19 진단 키트는 46개사 72개 제품이다. 여기엔 국내에서 긴급 사용 승인을 받은 6개사 6개 제품(바이오세움, 바이오코아, 씨젠, 솔젠트, SD바이오센서, 코젠바이오텍)이 포함돼 있다. 수출용 허가를 받은 기업 대부분은 국내에서는 식약처의 긴급 사용 승인(EUA)을 받지는 못했지만 이와는 별개로 해외 시장을 공략하고 있다.

실제 국산 코로나19 진단 키트는 아시아는 물론 북미와 남미, 중동, 아프리카 등 말 그대로 전 세계로 수출되는 중이다. 공급 요청이 쏟아지면서 이미 지난해 실적 이상의 주문을 받았다는 기업도 적지 않다.

수젠텍은 지난달부터 현재까지 약 600억 원 규모의 코로나19 진단 키트 공급 계약을 체결했다고 밝혔다. 지난해 연간 매출액 38억 4,500만 원을 훌쩍 뛰어넘는 수치다. 수젠텍 관계자는 "계약을 체결한 물량 이외에도 공급 의뢰를 받은 물량이 많아 6월 말 생산 물량까지 공급처가 확정된 상황"이라며 "2분기 실적이 더 기대된다"고 말했다.

씨젠은 올해 1분기 만에 지난해 매출액의 약 70%를 달성했고, 영업이익과 순이익은 이미 지난해 실적을 초과했다. 씨젠은 현재까지 60여 개국에 2,000만 회 검사가 가능한 코로나19 진단 키트 물량을 수출했다.

바이오니아는 최근 인도네시아에 총 68억 원 규모의 코로나19 진단 키트와 장비 등을 공급하기로 했다. 바이오니아는 올해 1분기 매출액이 1.9배 가까이 뛰었다. 이원다이애그노믹스(EDGC)의 자회사 솔젠트는 국내 진단 기업으로는 처음으로 미국 재난관리청 공급 업체에 등록하며 미국 시장에서의 입지를 다지는 중이다.

국산 코로나19 진단 키트의 실적은 숫자로 증명되고 있다. 관세청 집계 기준 국산 진단 키트 수출액은 코로나19 사태 초기인 올해 1월 3,400달러에서 지난달 2억 123만 달러로 급증했다. 수출 대상국 수도 1개에서 103개로 뛰었다.

5

'̇K 방역의 힘' 웰리스 공기제균청정기, 유럽 이어 美도 뚫었다

한국경제 서기열 기자 2020.06.03.

美에 年 20만 대 규모 공급 계약

판매 개시 유럽엔 올 5만 대 예상

국내 스타트업 웰리스가 개발한 공기제균청정기가 유럽에 이어 미국 시장을 뚫었다. 신종 코로나바이러스 감염증(코로나19)의 글로벌 확산 후 일상생활에서 방역이 강조되면서 자연 친화적인 방식으로 바이러스와 박테리아를 제거하는 한국 제품의 성능이 세계 시장에서 인정받았다는 평가가 나온다.

스페인 바르셀로나 물류 창고로 옮겨지는 웰리스의 공기제균청정기 ©웰리스 제공

웰리스는 지난 1일 미국 샌디에이고에 본사를 둔 유통업체 DPI다이렉트그룹과 연간 20만 대 규모의 미국, 캐나다 지역 독점 판매 계약을 체결했다. 연간 400억 원에 달하는 계약이다. 다음 달 1차 샘플 선

적을 시작으로 10월부터 본격 수출할 예정이다. 계약 기간은 3년으로 2년 연장할 수 있다. DPI다이렉트그룹은 북미 지역의 병원, 호텔, 식당, 요양원, 유치원 등 생활 방역이 필요한 곳에 웰리스의 공기제균청정기를 공급할 계획이다.

이 제품은 바이러스와 박테리아를 제거하는 OH라디칼을 자연 정화 방식으로 생성한다. OH라디칼은 공기 중 오존이 과산화수소 또는 천연 오렌지 추출 오일과 결합할 때 나오는 성분이다. 공기 중에 떠 있거나 사물 표면에 붙어 있는 바이러스 등을 제거한다. 지난해 스페인 바르셀로나대 바이러스 연구소로부터 호흡기 세포융합바이러스(RSV)와 로타바이러스를 2시간 만에 99%까지 제거한다는 시험 결과를 받았다. 신종 코로나바이러스에도 비슷한 효과를 낼 수 있다는 의견도 제시됐다.

웰리스는 유럽 총판인 에어테크닉스를 통해 올해 초부터 스페인, 이탈리아, 프랑스, 포르투갈 등에 공급하고 있다. 지금까지 5,000대를 수출한 데 이어 추가로 2만 대를 생산 중이다. 연초 계획했던 수출 물량 1만 대의 두 배를 넘어서는 숫자다. 이 회사는 올해 유럽 수출 물량이 5만 대에 이를 것으로 기대하고 있다. 이 밖에 인도, 필리핀, 방글라데시에도 이달부터 수출할 예정이다.

이 같은 수출 물량 증가로 회사는 올해 초 60억 원으로 잡았던 연간 매출 목표를 300억 원으로 상향 조정했다. 유의석 웰리스 대표는 "세계 각국이 생활 방역으로 전환하는 가운데 공기제균청정기 수요가 늘고 있어 생산 라인 증설 등을 준비하고 있다"고 말했다.

6

삼성 '기술 과외' 받은 국내 중기,
방호복 세계 1위 3M 아성 꺘다

한국경제 안대규 기자 2020.06.22.

3M이 장악한 시장 깨고 50여 개국 수출

각국 외교부 나서 "수출해달라" SOS

中기업은 백지수표 들고 와 인수 제안

신종 코로나바이러스 감염증(코로나19) 사태 장기화로 '전동식 호흡 보호 장치 (PAPR)'를 생산하는 국내 한 중소기업에 전 세계의 이목이 쏠리고 있다. 우주복처럼 생긴 PAPR은 얼굴 전체를 덮어씌운 후드 안으로 바이러스를 걸러낸 공기를 공급하는 장치다.

매출 500억 원 규모의 중소기업 오토 스윙은 지난 4월 삼성전자의 '기술 과외'를 받은 뒤 전 세계 병원과 보건당국의 러브콜을 받는 회사로 탈바꿈했다. 지난 4월 미국 시장을

뚫은 후 두 달 만에 수출국을 50여 개로 늘렸다. PAPR 시장의 80%를 장악해 '부동의 글로벌 1인자'로 꼽히는 3M의 아성마저 흔들고 있다.

PAPR은 코로나19 바이러스에 장시간 노출이 불가피한 의료진이나 방역 담당자들에겐 '생명줄' 역할을 하는 필수품이다. 특히 전 세계 코로나19 확진자(890만 명, 21일 기준)와 사망자(46만 명)의 4분의 1가량이 발생한 미국은 극심한 PAPR 부족 사태를 겪고 있다. 3M의 주요 생산 공장이 중국 등 해외에 있는 데다 각국이 자국 내 수요 총족을 위해 방역 물품의 해외 반출을 제한하고 있기 때문이다.

21일 관련 업계에 따르면 미국 존스홉킨스대 병원은 지난 4월 3M을 대신해 PAPR을 공급해 줄 업체를 수소문한 끝에 오토스윙에 'SOS'를 쳤다. 삼성전자의 도움으로 PAPR 제품의 생산성과 품질이 업그레이드됐다는 소식을 듣게 되면서 곧바로 거래를 시작했다. 이 병원은 오토스윙에 1,800대의 PAPR을 주문했고, 이 병원 소속 사우디아라비아 병원도 최근 1,400대를 추가 주문했다.

오토스윙은 미 위스콘신대 병원에도 100대, 미 최대 소방유통업체(MESFIRE)에 60대를 잇따라 납품했다. MESFIRE엔 내달 5,000대를 추가 납품하기로 했다. 최근 미국의 한 대학병원은 "품질에 대해 깊은 인상을 받았다. 이전 (3M) 제품보다 월등히 우수하다"고 감사 편지를 오토스윙에 보냈다.

헬스케어 분야에서 인증이 까다로운 미국 시장이 열리자 전 세계 판로도 한꺼번에 뚫렸다. 오토스윙은 영국, 독일, 프랑스, 일본, 캐나다, 이탈리아 등 주요 7개국(G7)에 모두 납품을 시작했고, 러시아, 브라질 등 50여 개국으로 수출을 확대했다. 허문영 오토스윙 사장은 "세계 최고 병원의 극찬을 받으면서 다른 나라에서도 복잡한 인증 절차를 모두 생략하고 수입에 나섰다"며 "일부 국가는 제품 확보를 위해 주한 대사관과 외교부까지 동원하기도 했다"고 말했다. 중국의 한 대기업 오너는 최근 서울 가산동 오토스윙 본사를 찾아와 회사를 통째로 넘길 것을 제안하며 '백지수표'를 건넨 것으로 알려졌다.

연 매출 500억 원 규모의 오토스윙은 산업용 전자 용접 마스크 시장에서 3M과 세계 1, 2위를 다툴 정도로 개인 보호 장비 분야에서 뛰어난 기술력을 갖추고 있는 회사다. 10년 전부터 PAPR을 제조했지만 매출은 크지 않았다. 아직까지 전 세계 대다수 병원엔 3M, MSA, 스캇 등 미국 업체들이 제조한 PAPR이 깔려 있다. 하지만 코로나19 사태 이후 신규 도입 물량에선 분위기가 바뀌고 있다.

삼성전자는 작년 7월부터 오토스윙에 대한 생산성, 품질, 물류 혁신 작업을 진행했다. 대·중소기업 상생 차원에서 중소 벤처기업부와 중소기업중앙회, 삼성전자가 공동으로 추진하는 스마트 공장 구축 사업의 일환이었다.

PAPR 제품에도 대대적인 업그레이드가 이뤄졌다. 삼성전자는 오토스윙이 미국에서 전량 수입하던 PAPR 의료용 호스의 국산화를 지원했다. 삼성이 고급 세탁기 호스를 만드는 전문 업체를 연결시켜준 덕분이다. 또 PAPR 제품에 세계 최초로 액정표시장치(LCD) 모니터를 부착해 공기량, 필터 교체 시기, 작업 시간 등을 눈으로 확인할 수 있도록 했다.

삼성전자 기술진 40여 명은 두 달간 오토스윙 공장에 상주하며 공정 절차도 뜯어고쳤다. 이 결과 30대 수준이던 오토스윙의 PAPR 하루 생산 능력은 10배인 300대로 증가했고, 불량률은 5%에서 1% 미만으로 떨어졌다. 허 사장은 "그동안 책임 소재가 불분명한 일을 부서 간 떠넘기던 내부 관행이 삼성의 지도를 받은 후 사라진 것도 큰 수확"이라고 말했다.

7

"수출품에 태극기 붙여줘요"

조선일보 강경희 논설위원 2020.05.07.

한 글로벌 컨설팅 회사의 한국 사무소에는 지난 한 달간 한국의 코로나 대응법을 묻는 문의가 세계 수십 국에서 빗발쳤다고 한다. 한국산 진단 키트, '드라이빙 스루' 코로나 검사에서부터 기업들의 코로나 대처법, IT를 활용한 코로나 앱까지 온갖 궁금증에 밤낮없이 응답하고 설명해 주느라 본업도 제쳐놓아야 할 정도였다.

미국 최대 스포츠 채널 ESPN이 엊그제 개막한 우리나라 프로야구 리그를 처음으로 미국 전역에 생중계했다. 하루 한 경기씩, 주 6회 중계한다. 미국 야구팬들에게 최대 관심사는 메이저 리그이지만 창궐한 코로나 때문에 미국서는 언제 경기가 열릴지 기약이 없다. 그 덕을 한국 프로야구가 봤다. ESPN 홈페이지에는 "코로나 팬데믹 와중에 처음 열리는 주요 프로야구 리그"라는 설명과 함께 한국 사회의 코로나 대응 기사가 떠 있다.

5일 자 일본 닛케이신문 1면에 '아날로그 일본, 멀어지는 출구'라는

271

제목의 과학기술부장 칼럼이 실렸다. 이 칼럼은 "빨리 감염을 틀어막은 대만과 한국의 성공 요인에는 빅데이터와 스마트폰의 적극적인 활용이 있다"고 소개하면서 "보건소 직원이 전화 등으로 환자에게 물어보는 일본 대책은 아날로그"라고 했다. 20세기 일본의 성장을 떠받쳤던 행정 시스템이 21세기 디지털 전환에는 오히려 걸림돌이 된다고 했다.

외국 나가면 "중국인이냐, 일본인이냐?"는 질문을 종종 받았다. 질주하는 중국, 일찌감치 선진국이 된 일본 사이에 한국은 낀 신세였다. 경제만 그런 게 아니고 국가 이미지도 밀렸다. 코로나 이후 이런 동북아 3국의 이미지가 조금이라도 바뀌었으면 한다. 지한파 프랑스 지식인 기 소르망은 어제 유튜브 인터뷰에서 "그간 한국에 대해 '휴대폰이나 대형 선박을 잘 만드네', '젊은이를 위한 음악이나 영화가 좋네' 같은 단편적 이미지만 있었는데 (코로나를 계기로) 갑자기 이 모든 것이 결합돼 총체적인 이미지가 형성되고 한국을 바라보는 시선이 완전히 달라졌다"고 했다. 수출 제품에 태극기 붙여달라는 해외 바이어까지 늘고 있다 한다. 한국산 진단 키트가 각광받고 의료 선진국이라는 게 알려지면서 '메이드 인 코리아'의 브랜드 가치가 덩달아 높아진 덕분이다.

1997년 외환 위기, 2008년 글로벌 금융 위기 등 10년마다 찾아온 위기는 한국 경제에 '위장된 축복'이기도 했다. 고통스럽지만 위기를 발판 삼아 국가는 한 단계씩 도약했다. 이번 코로나 쇼크도 기회가 될 수 있고, 꼭 그렇게 만들어야 한다.

8

"한국은 날 잊지 않았다"
프랑스 참전 용사 울린 마스크

조선일보 파리＝손진석 특파원 2020.05.25.

대사관서 마스크 5장, 편지 전달

"저는 올해 여든여덟입니다. 한국
은 여전히 저를 잊지 않고 있어요."

프랑스 동부 벨포르에 살고 있는
6·25 전쟁 참전 용사인 미셸 오즈
왈드 씨는 22일(현지 시각) 공영 방송
프랑스3 인터뷰에서 "지난 4월 말
주프랑스 한국 대사관에서 편지와
함께 마스크 5장을 우편으로 받았

프랑스 언론과 인터뷰하는 6·25
참전 용사 미셸 오즈왈드 씨. 그
는 '한국전 참전 용사(Korean War
Veteran)'라는 문구가 새겨진 모자를
썼다 ⓒ 프랑스 텔레비전 캡처

다"며 이같이 말했다. 고아였던 그는 농장에서 일하다 18세에 입대해
19세이던 1951년 6·25전쟁에 파병됐다.

그는 "전쟁이 끝난 지 70년이 지났는데도 한국이 당시 함께 싸웠던

273

사람들을 잊지 않고 있어서 감동했다"고 했다. "한국에 가면 죽는다고 주변에서 모두 말렸고, 영하 30도 이하의 혹독한 추위가 끔찍했지만 이겨낼 수 있었다"고 회상하기도 했다. 그는 '한국전 참전 용사(Korean War Veteran)'라는 문구가 새겨진 남색 모자를 쓰고 인터뷰를 했다. 이 모자는 국가보훈처가 세계 각지의 참전 용사들에게 보내준 것이다.

프랑스 북서부 소도시 아뇨에 사는 폴 로랑 씨도 최근 일간 우에스트프랑스 인터뷰에서 "한국 대사관에서 마스크와 편지를 받아 놀랍고 기뻤다"고 말했다. 그는 "참전 용사들이 없었다면 한국이 공산화됐을 것이란 점을 잘 아는 한국인들은 역사에 특별한 관심을 갖고 참전 용사들을 언제나 생각하고 있다"며 "한국은 코로나 위기도 잘 빠져나왔다"고 했다. 로랑 씨는 1952년 입대한 직후 한국에 파병돼 1년 가까이 참전했다.

프랑스군은 6 · 25 전쟁에 3,500명가량이 참전해 약 270명이 전사(戰死)했다. 참전 병력 중 전사자 비율(7.7%)이 참전국 가운데 가장 높았다. 주프랑스 한국 대사관은 오즈왈드 씨와 로랑 씨를 비롯해 프랑스의 6 · 25전쟁 참전용사협회가 계속 연락하고 있는 생존 용사 66명에게 마스크를 보냈다. 최종문 프랑스 대사는 편지에서 "(코로나로) 어려운 시기에 한국 정부는 참전 용사들의 건강에 각별한 관심을 가지고 있다"고 했다.

9

"보건소 직원이 뭘 한다고…"
수군댔지만, 세계가 놀랐다

한국경제 부산=노경목 기자 2020.06.05.

안여현 사무관의 헌신&혁신

코로나 최전선에서 싸운다

기존 음압 텐트는 검사에 1시간

빠르고 안전한 '워크스루' 구상

자비 들여 부스 제조업체 찾아

특허도 등록…해외서 327대 구입

　공중전화 박스 크기의 사각형 부스 안으로 의료진이 들어간다. 부스에 부착된 고무장갑을 끼고 신종 코로나바이러스 감염증(코로나19) 검사에 필요한 검체를 채취한다. 걸리는 시간은 단 3분. 한 사람당 한 시간이 걸리는 음압 텐트 검사에 비해 시간이 20분의 1로 줄었다. 비용은 3분의 1이다.

　워크스루형 검사 장비를 이용한 코로나19 검사의 모습이다. 말 그

275

안여현 부산 남구 보건소 사무관이 지난 1일 부산 대연동 남구 보건소 뒷마당에 설치된 워크스루형 코로나19 검사 장비 안에서 검체 채취를 시연하고 있다 ⓒ 노경목 기자

대로 야외에 설치된 부스를 걸어서 지나가며 검사를 받을 수 있다. 이 같은 혁신은 일선에서 코로나19와 싸우던 한 의료진의 아이디어에서 시작됐다. 안여현 부산 남구 보건소 사무관 (41)이 주인공이다. 코로나19가 국내에 퍼지기 시작한 지난 2월부터 주말도 없이 아침 9시부터 밤 10시까지 격무에 시달리며 "보다 쉽고 안전하게 코로나19를 진단할 방법은 없을까" 고민한 결과다.

워크스루형 검사 장비는 4월까지 국내에 46대가 보급됐다. 일본, 러시아, 말레이시아, 태국 등도 327대를 구입해 갔다.

4일 부산에서 만난 안 사무관은 "이러다간 내가 죽겠다는 생각이 들어 개발에 나섰다"며 웃었다. 코로나19 사태 초기 안 사무관은 귀가해서도 마스크를 벗을 수 없었다. 치매 환자를 진료하는 남편과 초등학생 딸에게 혹시나 코로나19를 옮길까 두려워서였다. 코로나19 검사를 위해 의료진은 검사받는 사람과 10~15㎝ 거리에서 얼굴을 맞대고 가느다란 종이 막대를 코와 입속에 찔러 넣어 검체를 채취한다. 이 과정에서 피검자는 기침이나 재채기를 하며 코로나19의 가장 큰 전파원인 비말을 사방에 흩뿌린다. 중국과 유럽 등지에서 많은 의료진이 코로나19에 감염됐던 이유다.

이를 막기 위해 코로나19 검진은 내부 공기의 외부 확산을 막는 음압 텐트 안에서 D레벨 방역복을 입은 의료진에 의해 이뤄졌다. 하지만 이 방식은 시간이 오래 걸린다는 것이 단점이다. 텐트에서 환자의 비말이 섞인 공기를 빼내고 새로운 공기를 채우는 데 40분, 혹시나 비말이 튀었을지 모르는 텐트 안을 일일이 소독제로 닦는 데 20분이 걸린다. 그럼에도 비말을 뒤집어쓴 의료진은 방역복을 벗는 과정에서 감염될 우려가 있다.

안 사무관이 개발한 워크스루 검사 장비는 안의 공기를 바깥으로 못 나가게 하는 음압 부스를 바깥 공기가 안으로 못 들어오게 하는 양압 부스로 뒤집은 발상의 전환이 비결이다. 피검자가 재채기를 하더라도 공기가 뿜어져 나오고 있는 부스 안으로 비말이 들어가지 않아 의료진은 안전하다. 검체를 채취한 뒤 비말이 튄 부스 바깥면을 닦고, 고무장갑만 교체하면 돼 다음 검사를 위한 준비 시간이 크게 줄어든다. 안 사무관은 실제로 이 장비를 활용해 하루 50명까지 코로나19 검사를 하기도 했다. 기존 음압 텐트였다면 불가능했을 성과다.

직접 스케치, 시행착오 거듭

마취·통증 전문의인 안 사무관은 2016년부터 보건소에서 일하고 있다. 그는 "급여가 3분의 1로 줄어드는 것을 감수하면서 민간 병원보다 일이 적은 보건소로 옮겼는데 코로나19로 '도루묵'이 됐다"고 말했다.

3월 말 개발에 성공하기까지 여러 차례 시행착오를 겪었다. 아크릴 판으로 피검자의 상반신을 가리는 박스를 직접 스케치해 만들기도 하고, 결핵 환자 검사에 사용하는 음압 부스에 코로나19 피검자가 들어가 검사를 받도록 하기도 했다. 주변에서는 "지방 보건소 직원이면 있는 장비로 열심히 하면 되지 왜 쓸데없는 일을 하느냐"고 핀잔을 했다.

안 사무관은 사비를 들여 코로나19 관련 해외 유료 논문을 찾아보고, 아이디어를 구현해줄 부스 제조업체를 찾기 위해 동분서주했다. 보다 많은 이에게 아이디어를 알리려고 특허 등록을 하려 했지만 일선 보건소 직원을 위한 지원은 전무했다. '공무원 직무 발명제'라는 제도가 있지만 중앙 부처 공무원과 부산 시청 공무원만 대상이었다. 어려움을 알게 된 특허청의 지원으로 안 사무관은 워크스루 검사 부스를 만든 고려기연과 함께 공동 특허 출원을 할 수 있었다. 인도적 목적으로 사용이 필요할 때는 특허로 영리를 추구하지 않는다는 서약도 했다.

안 사무관은 "부산 남구 보건소가 부족한 예산에도 양압 부스 구입 경비를 지원하는 등 많은 도움을 줬다"며 "코로나19 사태가 종식될 때까지 지역 사회를 전염병의 위협에서 지키기 위해 최선을 다할 것"이라고 말했다.

코로나19를 넘고 넘어
Go! 세계로 미래로

초판 1쇄 인쇄 2020년 08월 14일
초판 1쇄 발행 2020년 08월 24일
지은이 허대조·주영재·최정철·김 명
엮음 더 반듯하게회

펴낸이 김양수
디자인·편집 이정은

펴낸곳 도서출판 맑은샘
출판등록 제2012-000035
주소 경기도 고양시 일산서구 중앙로 1456(주엽동) 서현프라자 604호
전화 031) 906-5006
팩스 031) 906-5079
홈페이지 www.booksam.kr
블로그 http://blog.naver.com/okbook1234
포스트 http://naver.me/GOjsbqes
이메일 okbook1234@naver.com

ISBN 979-11-5778-455-4 (43190)

* 이 책의 국립중앙도서관 출판시도서목록은 서지정보유통지원시스템 홈페이지 (http://seoji.nl.go.kr)와 국가자료종합목록 구축시스템(http://kolis-net.nl.go.kr)에서 이용하실 수 있습니다. (CIP제어번호 : CIP2020033898)
* 이 책은 저작권법에 의해 보호를 받는 저작물이므로 무단전재와 무단복제를 금지하며, 이 책 내용의 전부 또는 일부를 이용하려면 반드시 저작권자와 도서출판 맑은샘의 서면동의를 받아야 합니다.
* 파손된 책은 구입처에서 교환해 드립니다.   * 책값은 뒤표지에 있습니다.
* 이 도서의 판매 수익금 일부를 한국심장재단에 기부합니다.